Andreas Schorsch

Wofür sitzen Sie eigentlich hier?

Geschichten
vom DB-Service-Point

Aufgeschrieben
von Oliver Uschmann & Sylvia Witt

GOLDMANN

Dieses Buch ist auch als E-Book erhältlich

Verlagsgruppe Random House FSC® N001967
Das FSC®-zertifizierte Papier *Pamo House* für dieses Buch
liefert Arctic Paper Mochenwangen GmbH.

1. Auflage
Originalausgabe April 2015
Copyright © 2015 by Wilhelm Goldmann Verlag, München,
in der Verlagsgruppe Random House GmbH
Umschlaggestaltung: UNO Werbeagentur, München,
unter Verwendung von Motiven von
bubingin, iStock Vectors/getty images; FinePic®, München
Lektorat: Doreen Fröhlich
DF · Herstellung: Str.
Satz: Uhl + Massopust, Aalen
Druck und Bindung: GGP Media GmbH, Pößneck
Printed in Germany
ISBN: 978-3-442-15845-4
www.goldmann-verlag.de

Besuchen Sie den Goldmann Verlag im Netz:

Inhalt

Vorwort 7

FRÜHSCHICHT

Bescheinigungen 17
Die verlorenen Dinge 28
Nicht über Köln 39
Nichts sehen, nichts sagen 52
Oskar allein am Gleis 69
Eine Reise nach Athen 86
Der Radschläger 98

SPÄTSCHICHT

Unter der Donnerkuppel 107
Die ganz große Last 121
A place of peace 136
Die Waggonruhe 156
Sparmaßnahmen 164
Die Waschmaschine 178

INHALT

NACHTSCHICHT

Der Rheinschwimmer 197
Pinke Becher 206
Jahwe auf der Flucht 212
Das Pittermännchen 220
Nazis im Bahnhof 226
Schlüsselfragen 246

Vorwort

Der Mensch ist langsam im Denken. Und von Natur aus gemütlich. Er möchte es einfach, klar und griffig, und er möchte, dass immer alles so bleibt, wie es einmal war. Wobei *einmal* heißt: zu der Zeit, in der *er* es gelernt hat.

Nehmen wir zum Beispiel mal das Filmegucken. Kein Mensch gibt sich heute noch freiwillig mit Videokassetten ab. Niemand nestelt mehr klobige Klötze aus schwarzem Kunststoff in große Schlitze und sieht gütig darüber hinweg, dass die Bildqualität des Bandes, das damals angeblich mehr als tausend Überspielungen verlustfrei aushalten sollte, schon nach zehn Aufnahmen in Richtung Hinterhof-Überwachungskamera kippt. Alle sind froh und glücklich über digitale Recorder, auf deren Festplatten ein ganzer Regalmeter voller Videokassetten passt, oder über die unendlichen Weiten des Internets, in denen man alles einfach so abrufen kann – im Prinzip ein bisschen wie Captain Picard in *Star Trek*, wenn er sein Quartier betritt, einen Tee aus dem Replikator zieht und dem Computer befiehlt: »Chopin, die Nocturnes«, woraufhin das edle Klimpern beginnt.

Trotzdem schwärmen heute die Nostalgiker: Weißt du noch, wie das war, Andreas? Die guten, alten Videokassetten? Dieser satte Klang, wenn man sie in den Schacht schob? Und wir hatten ja nichts! Keine zweite Tonspur. Keinen Kommentar des Regisseurs! Wenn wir die englische Version gucken wollten, haben wir eine Extrakassette aus den USA importiert!

Die guten, alten Zeiten.

Telefone hatten noch Schnüre.

Das Fernsehen bestand aus drei Sendern plus RTL.

Und Twix hieß noch Raider.

Die Erinnerung daran wärmt das Herz.

Hat man sich aber irgendwann an das Neue gewöhnt oder sich selbst beigebracht, verblasst sogar sie.

Der Service Point im Foyer des Bahnhofs hieß jahrzehntelang einfach nur Information. In den Wohnzimmern standen Nierentische, und über den Eingängen kleiner Frisörsalons spannten sich süße rot-weiße Minimarkisen. Männer mit Ledertaschen schimpften über die langhaarigen Bombenleger, Franz Beckenbauer wurde Weltmeister als Spieler, und Helmut Kohl trat seine Regentschaft an, die laut Plan nicht hätte enden sollen, ehe die Befehlshaber von 642 Meter langen Raumschiffen mit der knappen Höhe des Kölner Doms ihrem Computer sagen, welche Musik sie gerne zum Tee hören möchten. Thomas Gottschalk moderierte *Wetten, dass..?* mit ebenfalls Kohl'schen Amtslängen-Absichten, und Franz Beckenbauer wurde Weltmeister als Trainer. Die Mauer fiel und bereicherte den Bahnverkehr um ein fein gesponnenes Streckennetz, dessen Verästelungen bis tief in die Buchten der Mecklenburgischen Seenplatte reichen. Und in all dieser Zeit, in der Imperien kamen und gingen, hieß die kleine Theke im Foyer eines Bahnhofs, an der man Informationen bekam: Information.

Nur weniges bleibt so lange dermaßen beständig und wenn, dann aus gutem Grund.

Persil.
Tempo.
4711.
Irgendeine Veranlassung, diese Namen zu ändern?
Vielleicht in:
Parsi?
Speed?
0815?
Nee.
Lass mal.
Manches brennt sich ein.
Das kriegt keiner so schnell weg.

In den Neunzigern kamen dann die Menschen, die dachten: Wir kriegen das weg! Alles weg aus den Köpfen! Marketing statt Maoismus, aber mit gleicher Absicht: Kulturrevolution! Adieu deutsche Sprache, hallo flotter Anglizismus. Wir alle kennen das Spiel. Es wurden Bücher drüber geschrieben, und noch heute erzählt man sich gerne, wie die Parfümerie *Douglas* an Kundschaft verlor, weil die Menschen dachten, der neue Slogan »Come in and find out« hieße: »Komm rein und mach, dass du schnell wieder rausfindest!« Den Altpatrioten schwoll angenehm der Kamm, denn sie sahen sich nun ihrerseits berechtigt, das Kind mit dem Bade auszuschütten und mit der Rücknahme des unmöglichen »Denglisch« auch gleich die Umstellung von T-Shirt auf T-Hemd oder von Walkman auf »tragbares Abspielgerät für Musikkassetten« zu fordern, was der verbissen sachlichen Benennung der Dinge in der ehemaligen DDR so nahekam, wie es einem konservativen Heimatwächter aus der Oberpfalz nun eigentlich auch wieder nicht recht sein konnte.
Die Information?

VORWORT

Sie verwandelte sich in jenen wilden Zeiten zum Service Point.

Also, das Wort verwandelte sich. Sonst blieb eigentlich alles beim Alten, denn freundlichen, von der Hochachtung gegenüber dem Kunden getragenen Service haben wir schließlich schon immer geboten und bieten ihn bis heute, wie dieses Buch im Folgenden beweisen wird.

Hö, hö.

Nun denn, ein kleiner Schritt für uns war ein großer Schritt für die Menschheit. Über Jahre hinweg lautete die fortan meistgestellte Frage an der Infor…, pardon, am Service Point: »Äh, Verzeihung? Wo finde ich denn hier die Information?«

Als wir schon dachten, dass es niemals aufhört, war eines Tages der Punkt überschritten, an dem die Menschen sich weigerten, den neuen Begriff zu akzeptieren oder ihn tatsächlich noch nie gehört hatten. Selbst Neunzigjährige arbeiteten sich nun zu uns durch und fragten ganz unverblümt: »Wie oft muss ich denn wohl umsteigen, wenn ich von hier nach Potsdam möchte?«

Es kam vor, dass wir dann unsererseits aus Gewohnheit die Frage überhörten und im Tonfall erfahrener Krankenschwestern antworteten, langsam und deutlich artikulierend: »Ja, richtig, genau. *Das* ist die Information.«

Das Ergebnis war eine Fortbildung in Sachen Altersdiskriminierung bei einer Dozentin namens Sibylle Rauchfuß-Gantenbein. Die hieß natürlich nicht wirklich so, aber sehr ähnlich.

Jedenfalls, irgendwann, nach langen, endlosen Mühen, war die Information im Bewusstsein der Menschen nun endlich der Service Point geworden. Und zwar so sehr, dass dieses Buch im Untertitel *Geschichten vom DB-Service-Point* heißt, obwohl der Service Point im Jahre 2015 schon seit der großen Sprachreinigungsaktion von Oberchef Rüdiger Grube vor fünf Jahren längst wieder *DB Information* heißt.

Nur: Gemerkt hat es bislang keiner.

Stattdessen fragen uns jetzt die Leute, ob sie hier am Service Point seien, denn da stünde ja »nur« DB Information.

Ich halte für diese Fälle immer eine Packung Minischokotäfelchen und einen Gratisstadtplan von Düsseldorf bereit, damit sie mir auch sofort glauben, dass ich nicht nur wie ein Automat Informationen raushaue, sondern auch ordentlichen Service biete. Ich trage sogar Koffer. Und stelle Bescheinigungen aus für alle Lebenslagen.

Außerdem sollen Sie, liebe Leserinnen und Leser, ja auch nicht unnötig verwirrt werden. Deswegen dachte ich mir, erklärst du das einfach mal, bevor es losgeht. Ich hätte ohnehin nie gedacht, dass ich mal ein Buch schreibe. Jetzt, wo ich es tue, muss ich an die braunen, weichen Taschenbuchausgaben denken, in denen wir damals in der Schule Schillers *Räuber* lasen. Hamburger Lesehefte hießen die. Da stand vorne immer kurz und knapp, wer mitspielt, was mir stets gut gefiel. Übersicht ist wichtig. Ich erläutere den Kunden, die mich nach einer Verbindung Richtung Stuttgart fragen, ja auch nicht zuerst die Legende von den Gebeinen der Heiligen Drei Könige oder die spannende Tatsache, dass sonst nur noch Limburg Süd der einzige Bahnhof ist, in dem ausschließlich Fernzüge halten, sondern sage ihnen erst einmal: Wenn Sie nach Stuttgart wollen, fahren Sie über Köln und Frankfurt Flughafen. Alles andere berichte ich vielleicht auch noch, das kommt auf die Situation und die Gemütslage des Kunden an.

Also sage ich jetzt: Die Figuren, mit denen Sie es in diesem Buch zu tun bekommen, sind meine Wenigkeit, meine Kollegin Annika und hin und wieder mein Chef, den wir nur den kleinen Prinzen nennen, weil er stets so viel möchte und alles für möglich hält. Der Gute. Die Annika ist eine ganz Liebe, und das ist nicht nur so dahergesagt. Sie hat eine unendliche Geduld mit den Menschen, zitiert gerne Lebensratgeber und achtet darauf, dass ich nicht »übertreibe«. Aber was heißt schon übertreiben? Ich gestalte meinen Beruf eben interessant aus. Auf dem Bahnhof ist sowieso jeder im Ausnahmezustand. Es gibt eine Werbung für diesen berühmten Schokoriegel mit Erdnüssen, dessen Marke Ihnen gerade bestimmt nicht einfällt, weil ich sie gewissenhaft verschweige, da lautet der Slogan: »Du bist nicht du selbst, wenn du Hunger hast.«

Nach mehreren Jahrzehnten Erfahrung mit den Menschen im Bahnhof kann ich guten Gewissens umdichten: »Du bist nicht du selbst, wenn du einen Zug erwischen musst.«

Die Kunden, von denen ich erzähle, hat es alle gegeben. Sollten Sie das Gefühl kriegen, der ein oder andere Dialog wäre heillos auf die Spitze getrieben worden, ist es wahrscheinlich der naturgetreueste. Das mag an mir und der bereits erwähnten kreativen Ausgestaltung meines Berufsprofils liegen, die immer dann besonders aufblüht, wenn die Menschen liebenswert verrückt sind oder anerkennenswert sportlich in ihrer Hartnäckigkeit.

Die liebe Annika und den kleinen Prinzen hingegen gab es zwar auch, doch sie sind nicht mehr bei der Bahn. Insofern handelt es sich hier tatsächlich noch um Geschichten vom Service Point. Die Kolleginnen und Kollegen, mit denen ich jetzt arbeite, möchten lieber erst in einer etwaigen Fortsetzung mit dem Titel *Geschichten von der DB Information* vorkommen. Und mein Chef, der zurzeit das Sagen hat, hat anders als damals der kleine Prinz tatsächlich was zu melden.

Gelesen, Chef?

So.

Jetzt kann's losgehen.

Rote Mütze ist auf dem Kopf, Anzug sitzt, Zigaretten sind in der Brusttasche versteckt, und meine Geheimschublade ist noch geschlossen. Bevor das gute Stück Buch hier nun bald in allen Bahnhofsläden steht, Ingo Naujoks das Hörbuch spricht und Joko & Klaas sich eine neue Talkshow namens *Bahndialektik* ausdenken, möchte ich an dieser Stelle noch Sylvia Witt und Oliver Uschmann danken, meine Erzählungen so schön in Form gebürstet zu haben. Hut ab! Wenn Sie das nächste Mal in den Laden gehen, sollten Sie ein Buch von den beiden selbst kaufen. Egal welches, da können Sie nie etwas falsch machen. Bis dahin danke ich Ihnen schon jetzt für den Kauf dieses Exemplars.

Ab sofort fährt für Sie jeder Zug pünktlich.
Versprochen.

Ihr Andreas Schorsch

FRÜHSCHICHT

Bescheinigungen

»Guten Tag.«

Das ist schon mal ein solider Anfang. Doch ich spüre bereits, dass es mit dem jungen Mann nicht so freundlich weitergeht. Er trägt amerikanische Sneakers, eine schmal geschnittene Jeans über den Spargelbeinen und eine dunkelblaue Stoffjacke mit weißem Reißverschluss, aus deren Innentasche er einhändig seine Geldbörse zu lupfen versucht. Es gelingt nicht, da die Schlabberjacke sich mit nach oben zieht. Verärgert hält er sie mit der linken Hand stramm, um unfallfrei an seine Papiere zu kommen. Einen Augenblick später liegen sein Ausweis und sein Studententicket vor mir.

»Der Bruder einer Nachbarin, der Cousine meiner Kommilitonin, hat gesagt, dass sein Gemüsehändler gesagt hätte, ich darf mit dem Studententicket an Samstagen auch im ICE fahren.«

Da steht sie nun, diese Behauptung, haltlos wie eine Pappel im Sturm.

Ich warte ab.

Der Student schickt seine Pupillen für eine Sekunde auf eine Reise fernab ihrer Zentralposition, greift beiläufig mit der linken Hand nach dem Griff seines Reißverschlusses und zeigt schließlich mit der rechten auf seine zwei Ausweise, die meine Theke schmücken: »So. Und nun bescheinigen Sie mir das bitte!«

»Äh, nein?«

Man muss dazu sagen: Ich kann nichts dafür, dass ich eine so tiefe Stimme habe. Das liegt an meiner Körpergröße, für die ich ebenfalls nichts kann. Jede Menge Raum für Resonanz. Wenn eine junge Frau mit braunen Locken, die beim Sitzen ihre Knie aneinanderschmiegt und die Tasse mit beiden Händen hält, »Äh, nein?« sagt, hat das etwas Putziges. Kommt dieser Satz aus meinem Mund, fassen ihn die Menschen meistens als Anmaßung auf.

»Wie, *äh, nein?*«

»Das muss ein derbes Missverständnis sein.«

Der junge Mann tritt einen Schritt zurück und vollführt vor dem Tresen eine kleine theatralische Drehung, bei der seine Stoffjacke neckisch in Schwung gerät wie das Kleidchen einer Rock'n'Roll-Tänzerin. Seine Drehung endet punktgenau mit beiden Ellbogen auf meiner Theke. Jetzt flackern seine Augen in einer Mischung aus Angriffslust und Angst vor meiner väterlichen Autorität. Mit diesem Blick könnte er Aaron Paul aus der Fernsehserie *Breaking Bad* sein, in seiner Rolle als junger Kleinkrimineller Jesse Pinkman, dem ausgerechnet sein uncooler, ehemaliger Chemielehrer zeigen wird, wo im Drogenlabor der Hammer hängt.

»Ihr unfähiger Schaffner hat auch gesagt *Äh, nein*, also sinngemäß, und dann hat er mich auf der Fahrt hierher aufgeschrieben! Gibt es denn so was? Der hat doch keine Ahnung!«

»Das ist nicht *mein* Schaffner«, sage ich. »Wenn es *mein* Schaffner wäre, säße ich nicht hier, sondern in einem großen, dreieckigen Büro mit vollverglastem Ausblick über ganz Berlin. Ich würde mich nur fragen, was man mit der superspitzen Zimmerecke machen könnte. Eine Gummipalme? Ein Ficus? Oder einfach jeden Morgen mich selber reinstellen und über meine Stadt schauen wie Joh Fredersen im neuen Turm zu Babel?«

Jesse Pinkman schaut mich verdutzt an. Mist, die Anspielung auf *Metropolis* war zu alt. Dabei sind diese jungen Leute trainiert darauf, ironische Anspielungen grundsätzlich verstehen zu müssen oder zumindest so zu tun, als ob.

»Sie bescheinigen mir das jetzt!«

Pinkman tobt. Er muss stets seinen Willen durchsetzen wie ein trotziger kleiner Junge.

»Äh, nein?«

»Jetzt hören Sie doch mal auf mit Ihrem bescheuerten *Äh, nein?*! Wofür sitzen Sie hier eigentlich?«

Ich seufze und öffne die Schublade mit meinem dicken Block. Annika sieht es im Augenwinkel und schüttelt tadelnd den Kopf. Sie kennt meinen Block. Er enthält Bescheinigungen, die ich eigenhändig an meinem heimischen Computer gestaltet habe. Dazu gibt es einen passenden Stempel. Natürlich nicht von der Deutschen Bahn. Guckt man genauer hin, sieht man, dass ich lediglich meine Adresse samt einem lateinischen Zitat von Kant auf das Blatt ramme. Sapere aude. »Wage es, weise zu sein.« Üblicherweise übersetzt mit: »Habe Mut, dich deines eigenen Verstandes zu bedienen.« Mein Stempel sieht mächtig aus, ein ganz dicker Brummer aus Stahl, der den satten Klang unumgänglicher Autorität und Allmacht ausstrahlt, die mir junge Männer wie der Student in der Stoffjacke grundsätzlich unterstellen. Der Gute guckt auch schon ganz hoffnungsvoll.

»Eine Möglichkeit gibt es«, sage ich.

Glitzern in Pinkmans Augen.

»Wenn alle anderen Verbindungen ausfallen oder schwer gestört sind und dadurch der ganze Betriebsablauf durcheinanderkommt, dann gibt entweder der Schaffner oder ein freundlicher Servicemitarbeiter vor Ort auch mal einen ICE zur Fahrt für alle Nichtberechtigten frei. Wenn Sie also mit dem Studententicket unbedingt ICE fahren wollen, machen Sie es wie diese Autoverkehrsliebhaber, die den Polizeifunk abhören, um absichtlich in einen Stau zu geraten. Gucken Sie im Netz nach, wo der Bahnverkehr gerade zusammenbricht, fahren Sie dorthin und nutzen Sie die Sondererlaubnis.«

Pinkman ist nicht amüsiert.

Die Stoffjacke bebt.

»Sie bescheinigen mir das jetzt. Sofort!«

»Ich kann Ihnen vieles bescheinigen, wenn Sie wollen«, sage ich und rücke meine Formulare gerade. »Ich kann Ihnen bescheinigen, dass Sie Plattfüße haben, zum Beispiel.«

»Ich habe keine Plattfüße!«, empört sich Pinkman und guckt dabei hastig runter zu seinen Sneakers, als sollte er es doch lieber noch mal überprüfen.

»Dann bescheinige ich Ihnen, dass Sie unter einer Hamsterhaarallergie leiden. Das kann sehr praktisch werden, falls Sie mal nachts unerwartet mit Hamstern zu tun bekommen. Oder die kleine Schwester die Eltern darum anfleht, nun auch endlich einen Nager zu bekommen, und Sie wissen schon, dass Sie es sind, der sich nach 14 Tagen um das Vieh zu kümmern hat, weil es sonst bald platt und trocken im Heu liegt wie ein Waschlappen in der Mittagssonne. Ich meine, falls Sie noch zu Hause wohnen.«

Pinkman kratzt sich mit der rechten Hand am Kragen und knetet mit der linken erneut den Reißverschlussgriff.

Er wohnt noch zu Hause. Ganz sicher. Daher auch seine Übung darin, vom großen Mann mit der tiefen Stimme stets Rettung zu erwarten und gleichzeitig sauer auf sich zu sein, dass er ihn überhaupt braucht.

Ich rascheleinen mit den Blättern, da der Kleine langsam die Konzentration verliert. Zu viel YouTube.

»Hier waren wir, Bescheinigungen!«, sage ich.

Er reibt sein rechtes Auge mit dem Handrücken.

»Ich kann Ihnen eine schwere Arbeitsphobie bescheinigen. Das geht auf jeden Fall!«

Ich ernte einen vorwurfsvollen Blick seitens Annika. Sie ist seit einigen Minuten damit beschäftigt, einer Rentnerin zu erklären, wohin die laut den Notizen ihrer Tochter auf dem mitgebrachten Zettel eigentlich mit dem Zug fahren soll.

»Eine Arbeitsphobie?«, empört sich Pinkman. »Ich studiere!«

»Ich weiß«, sage ich, da wir schließlich über sein Studententicket diskutieren, und stelle die Gegenfrage: »Chemie?«

Er schüttelt den Kopf.

»Mathematik?«

»Nein.«

»Architektur?«

»Nein.«

»Garten- und Landschaftsbau?«

»Nein, Mann! Soziologie!«

»Hervorragend, das passt eins a, ich kann Ihnen die Phobie also bescheinigen!«

Pinkman schnaubt.

Die Rentnerin fragt Annika mit großen Augen: »Aber warum will meine Tochter denn, dass ich *dahin* fahre?«

Hinter Jesse Pinkman baut sich ein Geschäftsmann auf,

der in allen Belangen das Gegenteil von ihm darstellt. Zwei Köpfe größer, schwarze Lederschuhe, Anzug, die Haut vor lauter Zorn so straff, dass er jeden Moment aufplatzen könnte. Er schaut auf seine Uhr, auf mich, auf den Studenten. Der Lautsprecher über unseren Köpfen verkündet: *»Achtung, an Gleis 16, ICE 625 nach Frankfurt am Main Hauptbahnhof, planmäßige Abfahrt war 11:21 Uhr, dieser Zug hat voraussichtlich eine Verspätung von 20 Minuten!«*

Wobei, der Lautsprecher verkündet gar nichts, das ist Uwe aus der Zentrale, der heute am Mikrofon sitzt.

Der Geschäftsmann verliert die Geduld, macht einen Schritt nach vorn, schiebt Pinkman wie ein Eishockeyspieler zur Seite und blafft mich ohne Einleitung an: »Was ist denn jetzt hier mit den Verbindungen nach Frankfurt! Keiner sagt einem was in diesem Sauladen!«

Der Student legt entsetzt die Ohren an. Jetzt hat er ein besseres Feindbild als mich. Annika sieht nicht mal vom Zettel auf, über dem sie mit der alten, leicht schwerhörigen Dame hängt und gemeinsam mit ihr behutsam herauszufinden versucht, was wohl in ihrer Tochter vorgeht. Einfache Fahrt nach Buxtehude ohne Rückfahroption? Was soll das?

»Überlegen Sie mal. Kennen Sie jemanden in Buxtehude? Wartet dort jemand auf Sie?«

Die Frau denkt tatsächlich scharf nach. Dann schaut sie Annika wieder mit ihren entwaffnenden, herzlichen, naiven Mädchenaugen unter schlohweißem Haar an und haucht: »Nein. Da kenne ich niemanden.«

Ich sehe dem Geschäftsmann in die Augen, deute auf Pinkman und sage: »Ich habe hier noch einen Kunden vor Ihnen.«

Oh, wie das Pinkman freut, der mir bis eben noch so zürnte!

Am liebsten würde er sich jetzt auf Brust und Schultern klopfen und dem arroganten Lackaffen sagen: »Guck hier! Ich, der Soziologiestudent, habe die gleichen Rechte wie du, du gieriger Weltenzerstörer! Ja, so sieht's nämlich aus! Der Herr Schorsch, der hat noch einen Kunden vor dir!«

Der Geschäftsmann tobt.

»Die Bahn, der Sauladen, der gottverdammte! Das ist eine Unverschämtheit!« Er hebt seine rechte Hand samt Aktenkoffer und zeigt damit auf mich, die zwei Meter Unverschämtheit am Stück: »So Leute wie Sie, ja, so Leute wie Sie in der freien Wirtschaft, und unser Land ginge längst am Stock. Am Stock, das sage ich Ihnen!«

»Es gibt da jetzt ganz was Neues«, antworte ich, »die Deutsche Bahn heißt jetzt Deutsche Bahn AG. Ist eben erst verkündet worden. Gestern, glaube ich. Ich bin Angestellter einer AG.«

Der Geschäftsmann schürzt die Lippen wie der untalentierte Darsteller eines Rockerbösewichts und legt den Kopf schräg, die Aktenkofferhand weiter zitternd: »Ja, AG, Scheiße-AG. Ihr seid doch alle immer noch Beamte! Ihr kriegt ja nicht mal den Börsengang hin, den ihr 2006 beschlossen habt. Pah! Unsereins muss täglich blitzschnell schalten, und ihr kriegt nichts mit. Gar nichts kriegt ihr mit!«

Der Lautsprecher verkündet: »*Achtung, erneute Durchsage für Gleis 16, ICE 625 nach Frankfurt am Main Hauptbahnhof, planmäßige Abfahrt war 11:21 Uhr, aufgrund eines Unfalls im Gleisbett hat dieser Zug nun eine voraussichtliche Verspätung von 30 Minuten und fährt abweichend auf Gleis 9.*«

Annikas Rentnerin sagt, das Köpfchen auf die Hand gestützt: »Die Henriette, die hatte mal einen Schwager in

Bremen, den Otto. Liegt Buxtehude nahe bei Bremen? Aber was soll ich denn beim Otto?«

Pinkman sagt zum Geschäftsmann: »Sehen Sie denn nicht, dass ich hier noch Bescheinigungen kriege?«

Der Geschäftsmann flucht: »Gut, wenn hier keiner bereit ist, einem zu sagen, was mit Frankfurt los ist, dann wird bei mir nur noch geflogen. Das sage ich euch! Dann sieht die sogenannte Bahn AG von mir keinen Cent mehr! Ihr mit euren grünen Tickets da, ihr CO_2-Heinis, ihr! Das ist doch alles sowieso der letzte Schwachsinn! Mal ist es zu kalt. Mal ist es zu heiß. Und immer ist es Klima. Kerosin heißt es jetzt! Aber frag nicht nach Sonnenschein! Kerosin!!!«

Er zieht ab, die Hand samt Koffer erhoben, noch ein paar Mal skandierend: »Kerosin! Kerosin!«

Pinkman schüttelt den Kopf und lächelt mich an, als hätte sich alles verändert und wir beide wären nun gemeinsam durch dick und dünn gegangen. Er lehnt sich auf die Theke und zeigt mit dem Daumen hinter sich: »Dem hätten Sie Wahnsinn bescheinigen können.«

Ich brumme zustimmend.

Pinkman nickt immerfort mit dem Kopf wippend, als hätte er plötzlich Reggaemusik in den Ohren.

Annika fragt die Rentnerin: »Wollen *Sie* denn überhaupt nach Buxtehude? Oder irgendwohin?«

Die süße Dame legt Annika ihre Hand auf den Unterarm: »Eigentlich will ich heute nur zu der Edeltraud nebenan und wie jeden Donnerstag Rommé spielen.«

Ich frage Pinkman: »Soll ich Ihnen jetzt was bescheinigen?«

Er bekräftigt mit Freuden.

»Gut, dann bescheinige ich Ihnen erst mal den Erhalt des

Passierscheins A 39. Das ist wichtig, belegen zu können, dass Sie den haben, denn das wurde im neuen Rundschreiben B 65 so festgelegt.«

Ich sehe Pinkman an, dass er schon wieder nicht kapiert, worauf ich anspiele, obwohl *Asterix erobert Rom* immerhin 49 Jahre später produziert wurde als *Metropolis*. Er strengt sich allerdings immer mehr an, nachzudenken. Wahrscheinlich überlegt er gerade, ob der Gag mit den Passierscheinen bei *Hangover* oder bei *Sin City* vorkommt.

Ich trage den Erhalt des Passierscheins auf meine selbst gestaltete Bescheinigung ein, schreibe seine Personendaten samt Matrikelnummer der Universität ab und stempele die Bescheinigung mit meinem mächtigen Gerät.

BRRRRTACK!

Was für ein Geräusch.

Pinkman grinst.

»Was?«, frage ich.

»Können Sie mir noch was bescheinigen?«

»Sicher.«

»Für meinen Vater, zum Geburtstag. Schreiben Sie bitte: Hiermit bescheinige ich, dass Alfons Zinke auch nach fünfzig Jahren immer noch eine Nervensäge ist.«

»Na ja«, sage ich, »dafür habe ich aber keinen Beweis.« Ich mustere den jungen Mann von oben bis unten und füge hinzu: »Obwohl, jetzt, wo ich seinen Sohn kenne.«

Er lacht.

So schnell kann's gehen: Einmal in seiner Gegenwart einen Manager kleingemacht, und schon bin ich sein Homie.

Ich stelle die Bescheinigung für den Herrn Papa aus und lasse den Stempel knallen.

Annikas alte Dame haucht hoffnungsvoll: »Meinen Sie denn, ich muss gar nicht nach Buxtehude fahren?«

Eine der Dramatik zugeneigte Stimme neben mir sagt: »Was sind denn das für komische Bescheinigungen?«

Es ist der kleine Prinz. Dass der sich aber auch immer so exzellent anschleichen kann. Da er nur einen dezenten Anzug und keine auffällige rote Mütze trägt, erkennt mein neuer Homie Pinkman ihn nicht sofort als Mitglied der Deutschen Bahn. Und identifiziert ihn erst recht nicht als meinen Chef, da der überschaubare Mann mir bloß bis zur Brusttasche reicht. Sofort erklärt Pinkman dem kleinen Prinzen begeistert: »Das ist voll witzig mit den Dingern! Bei Herrn …«, er liest das erste Mal mein Namensschild, »Schorsch kann man sich für alles Mögliche Bescheinigungen ausstellen lassen. Zum Bei …«

Ich hebe die Hand, Fläche nach unten, und schließe halb die Augen. Das internationale Verständigungszeichen für *ist gut jetzt*.

Der kleine Prinz runzelt die Stirn. Besonders stark irritiert ihn mein mächtiger Stempel.

»Das ist so ein Scherz zwischen mir und meinem Neffen«, sage ich und tätschele dem Studenten über der Theke die Schulter.

Der begreift und stammelt: »Ja, hö hö, die Bescheinigungen. Unser Running Gag.«

Der kleine Prinz hebt den Zeigefinger und schließt für eine halbe Sekunde die Augen, bevor er loslegt. In solchen Momenten sieht er aus wie eine Mischung aus Norbert Blüm und diesem hageren Lehrer Lämpel bei *Max & Moritz*.

»Herr Schorsch, es ist nicht rechtens, in offizieller Funktion irgendwelchen Schabernack mit Stempeln zu treiben. Auch nicht, wenn nur der Neffe … ich wusste überhaupt nicht, dass Sie einen Neffen haben. Das ist sowieso so eine Sache. Von Ihrem Privatleben erzählen Sie einem im Grunde gar nichts!«

»Also mein Privatleben soll ich im Beruf offenbaren, aber private Scherze mit meinem privaten Neffen sind im Beruf verboten?«, frage ich und packe derweil Stempel und Bescheinigungen wieder in meine Überraschungsschublade. Wenn die Sachen vom Tisch sind, sind sie auch wörtlich vom Tisch, denn beim kleinen Prinzen gilt: Aus den Augen, aus dem Sinn. An der Nordsee sollte man ihn niemals alleine ins Watt gehen lassen.

»Das habe ich so nicht gesagt«, sagt der kleine Prinz.

»Ich muss dann mal«, sagt mein neuer Neffe.

»Sollen wir Ihre Tochter mal anrufen?«, fragt Annika.

»*Achtung, erneute Durchsage für Gleis 16, ICE 625 nach Frankfurt am Main Hauptbahnhof, planmäßige Abfahrt war 11:21 Uhr, dieser Zug entfällt nun vollständig. Ihre nächste Reisemöglichkeit ist ICE 123 um 12:48 Uhr, dann auch wieder auf Gleis 16, so Gott will.*«

Der kleine Prinz reißt den Kopf hoch.

Uwe aus der Zentrale nimmt sich mal wieder Freiheiten am Mikrofon heraus. Meine Bescheinigungen sind vergessen.

»...so Gott will...«, tobt der Chef zitierend von dannen und regt sich dabei mehr über die zarte Degradierung der Bahn auf als über die Verletzung der weltanschaulichen Neutralität im Amt. Uwe war Pfadfinder und Messdiener, wollte mal Radiomoderator werden und hat eine fünfstellige Plattensammlung zu Hause.

Bevor ich meine Schublade schließe, überlege ich mir, ob ich ihm zum Geburtstag Humor und Christlichkeit bescheinigen soll.

Die verlorenen Dinge

🚂 »Guck mal hier, meine Schneekugel!«
Zwei Dutzend Menschen tummeln sich vor der Theke, zwei lange Schlangen, die sich in der Mitte mehrfach verknoten und mit gefühlten hundert Stimmen sprechen. Doch das kleine Mädchen, das setzt sich durch. Am ausgestreckten Arm schüttelt es vor Annika ihr Souvenir aus unserer schönen Landeshauptstadt.
Blaue Augen, blonde Haare, seitlich abstehende Zöpfe, Kaugummi. So sieht sie aus. Also, nicht das Mädchen, sondern die Mutter. Ihr geht alles zu langsam, wie jedem hier, außer dem properen Spross (ohne Zöpfe), der gerade mit rosigen Wangen gnadenlos die Stadt durchschüttelt. Wo ist das Einfühlungsvermögen der Kinder geblieben? Die Fantasie? Die Kleine schüttelt und kichert gedankenlos, während ich mir vorstelle, was für einen Horror diese Schneekugeln eigentlich verkörpern. Eine hermetische Kuppel, die sich plötzlich über die Stadt stülpt, so dass keiner mehr entkommt. Die Bevölkerung hilflos heftigen Schneestürmen ausgeliefert. Und Erdbeben! Am laufenden Band! Gruselig. Wobei: Nicht ganz so gruselig wie die Tatsache, dass Düsseldorf unter der Kuppel nur noch aus ein paar Hochhäusern und dem Fernsehturm besteht.
»So eine hatte ich auch mal!«, kiekst Annika.

Die Kleine strahlt.

Latzhose, Baseballmütze, T-Shirt von *Hello Kitty*.

Also, nicht das Mädchen, die Mutter. Sie tippt Kaugummi kauend und mit rollenden Augen auf dem Zettel herum, den sie Annika vor ein paar Sekunden zur Bearbeitung auf die Theke gelegt hat. Wahrscheinlich soll ein gewünschtes Ziel darauf stehen, so rein theoretisch.

Krakelschrift, Trotzgesicht, Vorschulgeschmier.

Also, nicht das Mädchen... Sie wissen schon.

Ich übe mich derweil bei den Kunden meiner Schlange im Schnellantworten per Autovervollständigung. Das geht so: Ein Kunde setzt zum Beispiel dazu an, das Wort »Leverkusen« auszusprechen, und ich antworte bereits bei »Lev...« mit den nächsten abgehenden Verbindungen in die Stadt unterm Pillenkreuz. Damit liege ich immer richtig, da es deutschlandweit kein anderes Ziel gibt, das mit »Lev...« beginnt. Funktioniert auch hervorragend für »Hi...« (Hildesheim), »Fu...« (Fulda) oder »Lö...« (Lörrach) und einige weitere Zweibuchstabenkombinationen. Bei »Kö...« ginge es theoretisch auch, da die Kunden bei mir am Tresen in neunzig Prozent der Fälle den nächsten Zug nach Köln meinen, bietet jedoch Verwechslungsgefahr mit der »Kö«, also der Königsallee, unserer berühmten Düsseldorfer Einkaufsstraße. Ich nehme mir immer vor, eine systematische Liste zu erstellen, doch dann fällt mir wieder ein, dass ich noch schlafen muss. Oder rauchen. Die Schlange vor der Theke bekomme ich mit dieser Methode jedenfalls heute gut abgearbeitet. Die Reaktionen auf meine hellseherischen Fähigkeiten sind im Schnitt ebenfalls zufriedenstellend. Ein haarloser Mann im Ledermantel schiebt seine Hornbrille ein wenig herunter und pfeift anerkennend durch die Zähne. Eine junge Frau mit Pony und Schal spricht leicht konsterniert das Wort trotzdem zu Ende, freut sich aber prinzipiell, dass es vorangeht. Nur der schmallippige Pagenschnitt am Ende der Reihe dreht wieder ab, ohne auf meinen Schnellservice zurückzugreifen. Er akzeptiert nur, wenn sein Smartphone ihm schon nach zwei eingetippten Buchstaben sagt, was er wissen will.

Als auch Annika das Ziel des Mädchens und seiner Mutter herausgefunden und den Rest der Schlange versorgt hat, frage ich sie: »Wieso hast du sie weggegeben?«

»Wen?«

»Die Schneekugel. Oder war das nur so dahergesagt bei der Kleinen, dass du die auch mal hattest?«

»Ach die! Nein, die hatte ich wirklich.«

»Und?«

»Weiß nicht. Weiterverschenkt. Man kann nicht alles behalten.«

»Aber im Kopf ist sie noch.«

Annika sieht mich nachdenklich an. Als überlege sie, welche Sachen, die sie ebenfalls irgendwann mal hatte, sich auch weiterhin in ihrem geistigen Inventar befinden.

Ich schmunzele und nehme einen Schluck Kaffee.

»Andreas!«

»Was?«

»Na, dein Blick! Dieses Grinsen.«

»Was ist damit?«

»Das ist wieder dieser typische Schorsch!«

»Was ist denn der typische Schorsch?«

»Ja, da hat man das Gefühl, du denkst dir deinen Teil. Aber einen Riesenteil! Und sagst nichts.«

Ich setze die Tasse ab.

»Annika-Schatz. Mit den Sachen ist das wie mit Dateien auf dem Computer. Die Leute löschen sie und denken, sie wären weg. Die sind aber nicht weg. Ein Profi kann sie dir wiederholen. Du hattest mal diese Schneekugel und hast sie weiterverschenkt an...?«

»Weiß ich nicht mehr.«

Ich brumme.

Das kann ich gut.

Ein Schorsch'sches Brummen liegt irgendwo zwischen Mario Adorf und einem alten Kühlschrank vor allen Klimaschutzmaßnahmen. Es brummt die Wahrheit aus den Leuten heraus.

»Ja, gut, die Kugel hat meine doofe Cousine Nina bekommen. Wobei bekommen... wir waren Kinder, und sie hat sie mir irgendwie abgeschwatzt. Das konnte sie schon damals gut. Heute denkt sie auch noch, sie sei was Besseres als ich.«

»Wieso?«

»Anwaltskanzlei. Anzüge. Geld.«

»Fleißige Nina.«

»Was? Nein, ihr Gatte.«

»Ach so. Na, egal. Jedenfalls ist die Schneekugel bei dir seit langer Zeit *weg*, aber du siehst trotzdem noch *deine* Schneekugel bei Nina im Regal stehen, oder? Falls die da noch steht.«

Annika antwortet nicht.

Das heißt Ja.

Ich sage: »Guck, ich hatte mal einen Walkman. Für Musikkassetten. Kann heute kein Mensch mehr gebrauchen. War sogar kaputt. Ging auf den Schrott. Aber trotzdem denke ich noch: *mein* Walkman. Wo ist er wohl jetzt, mein Walkman? Oder seine Teile. Das geht nie weg. Nur bei Essen, Trinken und Rauchen geht das weg. Da merkt man sich jetzt nicht jede einzelne Portion, die man mal hatte. Da weiß man ja auch, wo es hingeht. Hö, hö. Aber bei Sachen, da ist alles irgendwie noch da.«

Ich würde meine weisen Worte jetzt gerne wie Helmut Schmidt unterstreichen, indem ich den Kopf nach hinten lehne und mit der angezündeten Zigarette durchs Bild wedle. Dürfte ich das am Service Point tun, bestünde mein nächster Schritt darin, die Tabakware leicht zu senken, um nach einer Sekunde Pause hinzuzufügen: »Weißt du überhaupt, wie ich darauf komme?«, und dann mit der qualmenden Hand in Richtung der alten Frau zu deuten, die gerade auf unsere Theke zuhält. Da ich das nicht darf, sage ich einfach so: »Weißt du überhaupt, wie ich darauf komme?«, und zeige mit Tasse statt Tabak in der Hand nach vorn.

Die herannahende Frau Schmitz ist der lebende Beweis für meine These, dass Menschen es schlecht verkraften, wenn ihre Sachen abhandenkommen. Vor allem, wenn das nicht freiwillig geschieht. Das erste Mal kam Frau Schmitz vor über fünfzehn Jahren zu mir auf der Suche nach ihrem Koffer. In grauer Vorzeit also, als der Gepäckservice der Bahn noch existierte, allerdings bereits so sehr »optimiert« worden war, dass er hinten und vorne nicht mehr funktionierte. In pechschwarzer Vorzeit, also noch vor dieser Optimierung, lief das Ganze so ab: Man packte seinen Koffer, trug ihn selber zum Bahnhof, gab ihn mit eigenen Händen ab, zahlte DM 9,50 Gebühr, fuhr mit dem Nachtzug nach Wien, trank dort nach Ankunft und Aufstehen gemütlich einen Kaffee und holte seinen Koffer schließlich gegen 9 Uhr an der dortigen Gepäckausgabe wieder ab. Dieses System funktionierte in seiner schlichten Schönheit und alteuropäischen Gemütlichkeit wie ein Schweizer Uhrwerk. Und das war das Problem. Denn wenn etwas erst mal einwandfrei funktioniert, wird der Mensch sofort nervös und sucht nach Wegen, es zu modernisieren. Besser gesagt: nicht der Mensch, sondern der hauptberufliche Denker. Also der, der eigentlich gar nichts mit der Sache zu tun hat. Der denkt sich dann: Warum sollen sich die Leute die Mühe machen, ihren Koffer selber zum Bahnhof zu schleppen? Das geht doch viel komfortabler!

So etwas ist in der Geschichte schon oft passiert. Jahrelang gaben Menschen selber die Zeiten ihrer gewünschten Aufnahmen in den Videorekorder ein, bis die hauptberuflichen Denker beschlossen: Das geht doch viel komfortabler! Lasst uns fortan einfach für jede Sendung eine individuelle Zahl in die Fernsehzeitschrift drucken! Das nennen wir dann ShowView. Die Menschen werden uns in den Armen liegen! Das Ergebnis waren zahllose Wutanfälle oder Herzinfarkte, weil statt der *Sportschau* das *Traumschiff* oder statt des *Musikantenstadls* der *Exorzist* aufgezeichnet wurden.

Bei der Bahn sagten sich die hauptberuflichen Denker: Niemand muss mehr seinen Koffer zum Bahnhof tragen! Wo kommen wir denn da hin? Die werden fortan bei den Kunden an der Haustür abgeholt! Nun lief das Ganze so: Man packte seinen Koffer und wartete. Hielt sich bereit. Vormittag. Mittag. Abend. Irgendwann kam jemand. Oder auch nicht. Wenn jemand kam, fuhr man ohne Koffer zum Ziel, trank dort nach Ankunft gemütlich einen Kaffee und fand keinen Koffer vor. Die durchschnittliche Transportzeit hatte sich von »so schnell wie der Zug selbst« auf »fünf bis sechs Tage« erhöht, da die auf neue Weise beförderten Gepäckstücke nicht mehr wie früher einfach in einen Waggon des jeweiligen Zuges gestapelt wurden, sondern wie beim Paketdienst den Weg über ein undurchsichtiges und von keinem bis heute je begriffenes Knotensystem nahmen.

Viele Koffer kamen auf diesem Wege sogar vollständig abhanden, wie man es von Flugreisen kennt und liebt. Ganz genau wie im internationalen Luftverkehr landeten die Gepäckstücke dann *nicht* statt in Wien in Warschau oder statt in Zürich in Zwickau. Nein, sie lösten sich einfach in Luft auf, weswegen man bei Flughäfen ja auch ganz zu Recht davon spricht, seinen Koffer *aufzugeben*. In solch einem Fall bekam der Kunde Schadensersatz ausgezahlt. So auch damals die gute Frau Schmitz bei uns. Aber Geld ist kein Ersatz für die hundert Dinge in einem Koffer. Die Schuhe, die Blusen, die Bücher oder vielleicht die eine Schneekugel, von der es immer noch besser ist, zu wissen, dass sie jetzt bei der doofen Cousine Staub fängt, als nicht zu wissen, welches Schicksal ihr widerfuhr. Geld hilft manchmal wenig. Man fragt sich zwar auch immer, wo es geblieben ist, aber man fragt nie, wo genau *dieser* eine Fünf-Euro-Schein jetzt wohl sein mag, den man mal besaß. Nachdem Frau Schmitz damals ihren Schaden ausgezahlt bekommen hatte, dauerte es demnach nur zwei Tage, bis sie das erste Mal an diese Theke trat und fragte, was sie auch gleich fragen wird: »Haben Sie schon was von meinem Koffer gehört?«

Sie fragte es damals noch leiser als heute, wo sie es förmlich krächzt und schreit, als sei sie schon immer alt gewesen und entweder sie oder wir schwerhörig. Ungefähr nach dem zehnten Mal hörten wir damals auf, ihr zu erklären, dass sie bereits Geld bekommen hatte, der Koffer aber unauffindbar bleiben wird, und gingen dazu über, auf die Frage einfach nur mit: »Dazu können wir noch nichts sagen, kommen Sie bitte morgen wieder« zu antworten. Dieser läppische, der Wirklichkeit ins Gesicht lachende Vertröster gefiel ihr besser als die analytische Darlegung der Tatsachen. Sie antwortet seither auf ihn mit der immer gleichen Frage nach einer S-Bahn-Verbindung, die sie längst kennt, und zieht dann eilig weiter.

Bis heute.

Nach fünfzehn Jahren.

Annika glaubt, Frau Schmitz sei leicht dement. Das ist möglich. Ich glaube eher, es ist eine Mischung aus raffinierter Rache durch gnadenlose Ausdauer und dem Wahnsinn, der einsetzt, wenn zu viele Dateien im inneren Bestand des eigenen Besitzes zu schnell gelöscht wurden.

»Frau Schmitz!«, begrüße ich sie freudig, doch sie winkt wie immer mit tadelndem Blick ab und ruft wie von Bergflucht zu Bergflucht: »Haben Sie schon was von meinem Koffer gehööööört¿¿¿«

Ich schüttele den Kopf und rufe zurück: »Dazu können wir noch nichts sagen, kommen Sie bitte morgen wieder!«

Nun stockt sie, als brauche die Nachricht zwei Sekunden, um die Schlucht und das Tal zu überbrücken.

Schaut zur Seite.

Nickt.

Zeigt Richtung Gleistunnel und brüllt, die Lautstärke noch mal anziehend, so dass sie endgültig wie eine kreischende Krähe klingt: »Nach GARATH¿¿¿«

»GLEIS 11!!!«

»DAAANKEEE!!!«

Sie flattert davon.

Annika schaut ihr voller Mitgefühl hinterher.

Ich überlege mir, bei normalen Kunden meine Autovervollständigung auch bei den Buchstaben »Ga...« anzuwenden und immer direkt mit der S-Bahn nach Garath zu antworten. Zwar gibt es bei »Ga...« noch ein paar andere mögliche Ziele, aber wer nach Garmisch-Partenkirchen will, steht sowieso in Après-Ski-Klamotten vor mir und hat schon einen Williams-Obstler in der Birne. Und das Dorf namens Garage im bayerischen Syrgenstein zu Dillingen an der Donau hat in meinen mehr als dreieinhalb Jahrzehnten bei der Bahn noch nie ein Kunde als Ziel angefragt. Es gibt noch mehr solche Orte, bei denen man rätselt, ob sie überhaupt existieren oder ob ein junger Programmierer sie nur aus Spaß in das Buchungssystem eingegeben hat. Ich nehme mir immer vor, auch hiervon eine systematische Liste zu erstellen, doch dann fällt mir wieder ein, dass ich noch die Katze füttern muss. Oder eine rauchen.

Ein neuer Kunde steht vor meiner Theke.

Womöglich schon seit Längerem.

Junger Mann, erste lichte Stellen am Haaransatz, grundnervös. Mitglied der sogenannten prekären Generation, die der Erwerbsarbeit tatsächlich willens ist, aber immer nur befristete Verträge bekommt, teilweise für zehn, zwanzig Minuten.

»Wann fährt der nächste Zug nach Köln?«

»Der nächste fährt in fünf Minuten auf Gleis 16.«

»Und der davor?«

»Der ist schon weg.«

»Und dazwischen fährt nichts mehr?«

»Wo zwischen? Zwischen davor und in nur fünf Minuten?«

»Ja.«

»Nein.«

Der Prekäre wechselt sekündlich das Standbein und wippt dabei so schnell mit dem Kopf wie ein Huhn auf Freigang.

»Komm ich schneller dahin, wenn ich in Frankfurt umsteige?«

»Frankfurt kommt 120 Kilometer nach Köln. Und der nächste Zug nach Frankfurt fährt erst in einer Stunde.«

»Dann nehme ich den. Ich habe es brandeilig!«

Er wendet sich bereits zum Sprung.

Ich brumme. Noch ein bisschen tiefer als sonst, jetzt so in der Tonlage zwischen Mario Adorf und einem Kühlschrank aus der Zeit, als Kühlschränke noch Kühlräume waren und für den Privatverbrauch gar nicht zugelassen. Der junge Mann bleibt stehen.

»Stimmt ja«, sagt er, »ich weiß das Gleis nach Frankfurt ja noch gar nicht.«

Ich sehe ihm ohne zu blinzeln in die Augen.

Atme tief ein.

Er schaut links, schaut rechts, bleibt aber stehen wie angetackert.

Atmen, denkt er wohl, da war doch mal was.

Gemütlich falte ich eine Streckenkarte auf und lasse mir dabei Zeit, sie glatt zu streichen, damit das Menschenrecht auf Ruhe aus ihr heraus auf den jungen Mann mit dem Mäuseherzschlag übergeht.

Brumme.

Lenke seinen Blick auf die Karte.

Zeige auf Düsseldorf.

Zeige auf Frankfurt.

Zeige auf Köln.

Warte.

Der junge Mann scheint intensiv nachzudenken.

Sich selber orientieren zu können, haben die hauptberuflichen Denker den Leuten ja auch irgendwann abgenommen, indem sie das mobile Navigationssystem erfanden. Im Ergebnis fuhr neulich eine Frau, als ihr Navi »jetzt rechts« sagte, kurz entschlossen auf die Gleise zwischen Hamburg und Lübeck. Sie befand sich zum Zeitpunkt des Befehls gerade mitten auf einem Bahnübergang.

Der junge Mann vor mir begreift langsam, was ich ihm vermitteln will.

»Und der nächste Zug direkt nach Köln?«

»Immer noch der gleiche. Geht jetzt schon in nur noch zwei Minuten auf Gleis 16.«

Ich schaue in den Fußgängertunnel.

»Wenn Sie den Fußweg bis dahin von der Bruttozeit abziehen, geht er im Grunde schon in dreißig Sekunden. Da passt keine andere Verbindung mehr dazwischen.«

Der junge Mann kaut einen Augenblick auf seinem Wangeninneren herum und eilt schließlich los.

So.

Kein Kunde mehr in Sicht. Zeit für eine Zigarette. Gemütlich zum Haupteingang laufen, ins Revers greifen, in die Sonne blinzeln, das bunte Treiben beobachten und den Blick über das Vorplatzpanorama streifen lassen.

Ich will Annika gerade fragen, ob sie mich kurz entbehren kann, da fragt sie mich dasselbe und wedelt statt mit einer Schachtel Lucky Strike mit ihrem Telefon herum.

»Kommst du fünf Minuten klar?«

»Sicher.«

»Gut, ich ruf nämlich jetzt bei Nina an und sag ihr, sie soll mir meine verdammte Schneekugel zurückgeben! Die war damals nämlich nur geliehen. So!«

Statt einer Antwort führe ich meine Kaffeetasse zum Mund und grinse meinen typischen Schorsch.

Nicht über Köln

🚂 »Entschuldigung, ist das hier der Service Point? Weil, da steht ja nur Information.«

Ich ziehe meine Überraschungsschublade auf und lege dem Mann eine Tüte Gummibärchen und einen Stadtplan von Düsseldorf auf die Theke. Die kleinen Schokotäfelchen sind gerade alle.

»Sehen Sie, Service«, sage ich.

»Oh«, sagt der Mann und öffnet den Stadtplan behutsam mit Zeigefinger und Daumen. Darin ähneln Kunden meiner Katze Buffy. Egal, was sie eigentlich gerade vorhatte – wirft man ihr unerwartet ein Spielzeug vor das Näschen, wird erst mal das beackert.

Annika ist in der Pause. Ihre Seite des Tresens schmückt seit gestern eine Schneekugel von Düsseldorf. Meine Kollegin holt sich ihre alten Devotionalien der Stadt von der doofen Cousine zurück, und ich verteile Pläne. Bald wird es so weit kommen, dass die ersten Kunden fragen: Entschuldigung, ist das hier die Touristeninformation?

Der Mann, der eigentlich was anderes wollte, hat den Stadtplan mittlerweile vollständig aufgefaltet und seine Brille aufgesetzt. Er trägt ein kariertes Hemd und eine Anglerweste. Seine schwarzen Haare sind nur an den Seiten und am Hinterkopf reichlich ausgeprägt.

»Wo ist denn das Stadion?«, fragt er.

Ich beuge mich über den Plan und suche die Theodorstraße.

»Hmm ... da!«

Der Mann runzelt die Stirn.

»Wenn Sie von hier aus fahren wollen, einfach die S1 Richtung Solingen/Dortmund bis zur Haltestelle Düsseldorf Unterrath. Oder die S6 Richtung Essen/Köln bis zur Haltestelle Rath, also ohne ›Unter‹. Oder die S11 Richtung Bergisch Gladbach/Düsseldorf Flughafen bis Unterrath, also wieder mit ›Unter‹. Straßenbahnen fahren auch. Jedenfalls, egal ob Unterrath oder Rath, von dort fährt an Spieltagen ein Expressbus die letzten zehn Minuten bis vors Stadion.«

Der Mann schiebt seine Brille auf die Nase und blinzelt über den Rand auf die Karte.

»Aber ... seit wann heißt das Stadion denn ISS Dome? Ich dachte, die Fortuna spielt im Rheinstadion?«

»Ach, Sie meinen Fußball und nicht Eishockey? Ich ging davon aus, wir sprechen von dem Leistungssport, in dem Düsseldorf eine Bedeutung hat.«

Ich lache und gieße mir frischen Kaffee in meine heutige Tasse ein. Es ist der Becher vom 1. FC Köln. Ich persönlich habe zum Fußball selbst eine allenfalls neutrale Beziehung, so wie andere Menschen zu den Dart-Spielern auf Sport1 oder der World Snooker Tournee. Zu seinen Fans und den Auswirkungen auf ansonsten ganz normale Menschen stehe ich eher wie ein außerirdischer Forscher im Labor, der Reaktionen austestet. Ich hebe die volle Tasse an den Mund und beobachte, wie sich auf der Stirn des Mannes Schweißperlen bilden. In der Menge der Vorübergehenden drehen sich augenblicklich drei, vier Köpfe zu mir herum.

Einer wird geschüttelt, einer wird rot, der Besitzer des dritten überlegt sich offenbar, zu mir herüberzulaufen und über die Theke zu springen. Das ist wohl auch der Grund für den Schweiß auf der Stirn meines Kunden. Die Angst, vom wütenden Mob in Sippenhaft genommen zu werden, weil er sich so freundlich von mir, dem sportlichen Stadtverräter, beraten lässt. Das ist alles ganz wunderbar mit den possierlichen Menschen, denke ich und fühle den wohligen Schauer in meinem Rücken, da ich weiß, dass hinter mir im Schrank auf Oberschenkelhöhe noch meine Tassen von BAP, Willy Millowitsch und der Fortuna aus Köln auf ihren Einsatz warten.

»Das Rheinstadion steht hier«, sage ich und lenke die Nase meines interessierten Informationsanglers zum Arena-Sportpark an der Arena-Straße ganz weit draußen zwischen B8, B7 und A44.

»Von hier 15 Minuten mit der U78. Heißt aber jetzt ESPRIT-Arena, davor LTU-Arena. Ist auch ein neues Stadion. Das Rheinstadion haben sie 2002 abgerissen.«

Ich nehme einen weiteren Schluck aus der Tasse mit dem Geißbock.

»Eine Unverschämtheit ist das!«, bellt ein Anzugträger im Vorbeigehen. Er läuft so schnell, dass seine Worte und sein Parfüm nur für den Bruchteil einer Sekunde zwischen uns hängen bleiben.

Im Lautsprecher über uns macht Uwe eine Durchsage: *»Achtung, Reisende für den ICE 547 nach Berlin, Abfahrtszeit 10:53 Uhr auf Gleis 17. Dieser Zug hält heute ausnahmsweise nicht in Bielefeld. Ich wiederhole: Der ICE 547 nach Berlin, Abfahrtszeit 10:53 Uhr auf Gleis 17, hält heute außerplanmäßig nicht in Bielefeld.«*

Mein Kunde hebt leicht den Kopf, als sei ein Regentröpfchen auf seinen Mönchskranz gefallen: »Bielefeld ist verschwunden.«

Ich antworte: »Hat es denn je existiert?«

Wahrscheinlich lag Uwe in der Zentrale am Mikrofon der alte Klassiker auch schon auf den Lippen, aber der kleine Prinz wird ihm für seine letzte kreative Moderation einen ordentlichen Vortrag gehalten haben.

Mein Kunde senkt den Kopf wieder und vertieft sich weiter in den Stadtplan. Hinter ihm nähert sich Frau Schmitz. Er zuckt zusammen, als sie mit 115 Dezibel zu krähen beginnt: »Haben Sie etwas von meinem Koffer gehöööööört?«

»Dazu kann ich noch nichts sagen, kommen Sie bitte morgen wieder!«

Zwei Sekunden Stocken.

Seitenblick.

Nicken.

In den Gleistunnel zeigen.

»Nach GARATH???«

»GLEIS 11!!!«

»DAAANKEEE!!!«

Mein Kunde in der Anglerweste schaut ihr nach.

»Man kann immer noch bei der Bahn Koffer aufgeben?«

»Nein«, sage ich.

»Ach so«, sagt er.

Zwei Teenagermädchen schreiten auf die Theke zu und üben sich darin, so arrogant und abgezockt zu gucken, als seien sie Paris Hilton nach einer Charity-Gala oder Miley Cyrus nach einer Runde Kanonenkugelschaukeln. Sie sind hoffnungslos überschminkt und malmen beide Kaugummi auf diese Art, bei der der Mund weitestmöglich geöffnet und der Kopf beim Sprechen spöttisch schief gelegt wird, als sei der Angesprochene ein ausgewiesen hässliches Exponat, das man aus allen Perspektiven mustern muss.

»Sagen Sie, hatten Sie eigentlich eine konkrete Frage, als Sie an den Service Point kamen?«, frage ich meinen karierten Stadtplanfan, der gerade mit dem Finger den Verlauf der Danziger Straße nachzieht.

»Den was? Oh ja, die Information. Äh. Ich. Was wollte ich noch gleich?«

Er kratzt sich hinterm Brillenbügel.

»Sonst mache ich erst mal die Damen hier, ja?«

Er schaut zur Seite auf die Kids Fatale und nickt, wieder fast so ängstlich wie bei den wegen meiner feindlichen Fußballtasse erbosten Fahrgästen.

Die Mädels lehnen ihre Ellbogen auf die Theke, legen die Köpfe schief – eine nach links, eine nach rechts –, ziehen das Kaugummi lang und sagen: »Ey, Alter!«

Ich wende mich sofort wieder der Anglerweste zu, beuge mich über den Stadtplan, suche schnell den Rochusclub am Rolander Weg und sage: »Hier werden die Düsseldorf Open ausgetragen. Ein richtiges ATP-Turnier. Tennis ist doch auch schön zum Gucken.«

»Hey!«, schimpfen die Mädels.

»Hey, Sie da mit der Mütze!«

Ich bequeme mich zu ihnen. »Ja?«

»Hören Sie schlecht?«

»Wieso?«

»Wir haben gerade schon gerufen!«

»Ich hab nur irgendwas mit einem Alten gehört und mich gefragt, wo der wohl ist.«

»Ha, ha, sehr witzig.«

»Mein Name ist Schorsch, und eure?«

»Wie, was?«

»Ja, ohne Namen kann ich euch nicht helfen.«

»Charlene«, antwortet die eine, und die andere haut ihr auf den Arm.

»Au! Jetzt schlag mich nicht, Alter!«

Aha. »Alter« ist heutzutage also ein geschlechtsneutraler Begriff. Geschlechts- und altersneutral. Wahrscheinlich ein Ergebnis des Sensibilisierungsunterrichts gegen Diskriminierung.

»Da sagst du ihm einfach deinen Namen, du Hohlo!«

»Ja, sicher, das muss doch so hier.«

»Wer sagt das?«

»Na, der da!«

Die Skeptische funkelt mich an: »Ist doch Quatsch, oder?«

»Quatsch ist nur zu glauben, dass der Vorname allein reicht, damit ich euch Informationen geben darf.«

Die Gehorsame rollt mit den Augen: »Na gut. Charlene Kröger.«

Die Skeptische schlägt erneut.

»Au! Spasti!«

»Mongo!«

Okay, dann eben doch kein Sensibilisierungsunterricht gegen Diskriminierung.

Ich ziehe ein Blatt Papier hervor, knipse meinen Kugelschreiber auf und tue so, als ob ich den Namen notiere.

»Gut«, sage ich. »Straße?«

»Was?«

Ich lege den Stift ab und spiele den langsam doch sehr enervierten Ermittler, der vor lauter verstockten Zeugen steht. Mein Kartenkunde ist im Stadtplan vergraben, hört allerdings genau zu.

»Mädels. Wenn ihr im Netz was bestellt oder euch irgendwo ein Profil einrichtet, was gebt ihr da alles an?«

Sie überlegen.

»Na ja, Name, Ort, Geburtstag, Geschlecht, Beziehungsstatus.«

»Seht ihr? Na los, zack, zack!«

Charlene sagt: »Essen-Kray, 21. November...«

Ihre Freundin schimpft: »Bist du behindert?«

»Du hast doch bloß Schiss, weil du bei Beziehungsstatus Single sagen müsstest!«

»Muss ich nicht!«

»Ach ja, ist Dustin heimlich mit Aileen gegangen oder nicht?«

Ein kleines Geraufe beginnt. Haare geraten durcheinander. Die ersten Menschen gucken. Ich unterbreche das Gerangel mit Lautstärke und Bass: »Aufhören! Ist gut jetzt!«

»Sag uns nicht, wann gut ist, Alter!«

Eben hatte ich mir noch vorgenommen, die erste richtige Frage der beiden seriös zu beantworten.

Charlenes Freundin, die keine Daten über sich herausgibt, sagt: »Wir haben das Schokoticket.«

So heißen zurzeit bei uns die Regionaltickets für Schüler.

»Können wir damit auch im ICE fahren?«

Soll ich?

Soll ich nicht?

Ach, was soll's!

Ich sage: »Das kommt darauf an. Welche Version habt ihr denn? Vollmilch oder Zartbitter?«

Die beiden Damen starren mich verdattert an. Ich setze meinen trockensten Beamtenblick auf. Sie beginnen, in ihren Täschchen herumzukramen. Ihre Tickets sehen wie alle Tickets nach Vollmilch aus.

»Schade«, sage ich. »Mit Zartbitter dürft ihr den ICE begrenzt benutzen. Also im Rahmen des Verkehrsverbunds

Rhein-Ruhr. Es gibt auch noch das 99%-Kakaoanteil-Ticket, da geht das landesweit, aber das kriegen nur diese Streberfreaks, die bei *Jugend forscht* mitmachen und so.«

Die Mädels klopfen mit den Plastikkärtchen auf ihre Handrücken.

Ich sage: »Geht doch einfach ins Schulsekretariat und lasst das ändern. Das kostet dann was extra, aber das rechnet sich, wenn ihr öfter mal mit dem ICE fahren wollt.«

Sie tuscheln und beraten sich.

»Was meinst du?«

»Sollen wir?«

»Kostet und so…«

Als sie fertig sind, sagen sie: »Ja gut, wir gucken mal. Aber streichen Sie wieder die Namen da und alles, ja? Sie können uns ja sowieso nicht helfen.«

Ich hebe die Augenbrauen und klicke den Kugelschreiber auf.

»Kinder…«, sagt der Stadtplanleser und schüttelt lachend den Kopf. Er hat mittlerweile auch einen Kuli aus seiner Weste gezogen und markiert die Orte sportlicher Spektakel in seinem Plan. Mit welcher Wonne er sich den Segnungen der Ablenkung hingibt, kann nur auf lukrative Frührente hindeuten. Annika müsste bald aus ihrer Pause zurückkommen. Mein Magen meldet sich ebenfalls langsam. Ich kippe einen Schluck Kaffee darauf.

Köpfe.

Brummeln.

Flüche.

Der nächste Kunde steht vorm Tresen, als meine Tasse gerade eben wieder darunter verschwunden ist. Ein ziemlich langer Mittdreißiger mit Hakennase und dünnem, blondem Scheitel, die Haut hell wie ein Vormittag in Norwegen.

Nicht über Köln

»Guten Tag, was kann ich für Sie tun?«

»Ich will von Düsseldorf nach Bonn, aber nicht über Köln. Den Regionalexpress nehme ich auf keinen Fall. Aber wie gesagt: Hauptsache nicht über Köln.«

Meine Augen schielen zur gut versteckten Geißbocktasse. Ich räuspere mich.

»Geht klar. Aber wenn ich fragen darf: Warum denn eigentlich nicht?«

Der Blick des blassen Buben lässt keinen Zweifel daran, dass ich eher *nicht* fragen darf. Ich rede dennoch weiter: »Die Stadt hat viel zu bieten. Den malerischen Kölnberg bei Meschenich zum Beispiel. Da wird sogar eine Fernsehserie gedreht. Ossendorf ist auch nicht übel, ein Freiluftmuseum für authentisch gelebte Jugendkultur.«

Der Mann atmet schwer aus.

»Gut«, sage ich, »kein Köln. Wie möchten Sie denn dann fahren?«

»Über Neuss!«, sagt er, straff und hibbelig wie ein Schüler, der sich die Lösung schon den ganzen Morgen lang ausgedacht hat.

»Da kommen Sie aber auch an Köln vorbei.«

Er weicht ein Stück zurück. Lösung falsch. Damit hat er nicht gerechnet.

»Und wenn ich über Aachen fahre?«

»Dann auch, und außerdem dauert das empfindlich länger.«

Mir wird es jetzt zu bunt mit seiner unbegründeten Allergie gegen die Domstadt. Ich nehme einen Schluck Kaffee. Der Mann bekommt rote Flecken im aschweißen Gesicht und ballt eine Faust in der Tasche, während er mit dem Zeigefinger der anderen auf mich zeigt, als sei sonst noch jemand da, der gemeint sein könnte.

»Sie, ja, GENAU SIE. Sie sind dafür da, hier meine Wünsche zu erfüllen. Und Sie sagen mir jetzt sofort, wie ich da hinfahren kann!«

Ich halte die Geißbocktasse noch einen Moment in der Hand, stelle sie dann langsam und vollkommen geräuschlos auf dem Schiefer meiner Theke ab und wende mich gemütlich dem Computerbildschirm zu.

»Ja, dann wollen wir mal sehen, wie wir Ihren Wunsch erfüllen können. Er ist ja durchaus sehr interessant. Also ...«

Ich tippe und bastle. Der Mann wartet und streift sich hin und wieder nervös den blonden Scheitel zur Seite.

Mein Stadtplankunde fragt: »Und wo wird hier Handball gespielt?«

»Gleich!«

»Okay...«

»So«, murmele ich, als ich die Fahrt zusammenhabe. »Sie steigen jetzt in ein paar Minuten in den ICE 849 nach Hannover. Dort, in Hannover, steigen Sie um in den ICE 579 nach Frankfurt Flughafen. Wenn alle pünktlich sind, nehmen Sie in Frankfurt Flughafen kurz den ICE 610 nach Mannheim, weil Sie nur so schließlich in den IC 2312 nach Dortmund gelangen, und der, der fährt dann nämlich quasi von hinten durch die kalte Küche, über Mainz und Koblenz, an Bonn heran!«

Ich nehme die Hände von der Tastatur wie ein erschöpfter und doch glücklicher Weltklassepianist, der gerade sein Konzert beendet hat. Warte auf Beifall von meinem nordischen Köln-Allergiker.

Kommt aber nix.

Ich zeige auf den Monitor.

»Das ist ein Meisterwerk!«, sage ich. »Einmal weitläufig Köln umfahren. Das soll Ihnen mal irgendein anderer vormachen. Dauert knapp acht Stunden auf diese Weise, aber Sie kriegen keinen Hauch mit von der bösen Stadt.«

»Acht Stunden?«, fragt der Blonde.

»Ja.«

»Wollen Sie mich verarschen? Wofür sitzen Sie eigentlich hier?«

»Der Mann gibt hervorragende Stadtpläne raus«, sagt mein Frührentner.

»Echt jetzt«, frotzelt der Blonde und sagt im Gehen, als würde er mich durch seine Entscheidung bestrafen: »Dann nehme ich doch den Regionalexpress. So. Was sagen Sie jetzt?«

Fluchend mischt er sich in die Menge.

Ich stehe vom Computer auf und sage: »So, wo waren wir? Das Stadion für Handball.«

Ich werde unterbrochen von einer Mischung aus Brüllen und Quietschen.

Die Mädels sind wieder da.

»Ey, Alter, du Arsch, du hast uns voll verarscht. Arsch!«

Ich zupfe mein Betriebssakko zurecht und entgegne: »Charlene. Namenlose. Geht doch mal zu eurer Lehrerin und sagt ihr, was euch in Deutsch noch fehlt, sei Wortschatzerweiterung.«

Charlene wedelt mit dem Schokoticket und bekräftigt schmollend: »Es gibt nur Vollmilch!«

Ihre Freundin sagt: »Ich bin nicht namenlos, Alter!«

Charlene zeigt mit dem simulierten Süßtäfelchen Richtung Reisezentrum. »Die am Schalter haben wir auch noch mal gefragt und die wollten keine Namen von uns haben und die haben gesagt, wir sollen Ihnen sagen, Sie sollen jungen Kundinnen nicht so einen Unsinn erzählen.«

»Das sind sehr fleißige Menschen dort hinten«, sage ich.

»Unglaublich gewissenhaft. Daran solltet ihr euch ein Vorbild nehmen.«

»Ich bin nicht namenlos! Ich heiße Carmen!«

»Und ICE können wir trotzdem nicht fahren.«

»Könnt ihr schon. Nur nicht mit dem Vollmilchticket.«

Sie stoßen den allgemeingültigen Teenager-Klagelaut für enttäuschende Erwachsene aus, eine Mischung aus »Boah!«, »Ühhh!« und Grunzen.

»Komm, Charlene, wir gehen.«

Mein Kunde klappt den Stadtplan zusammen.

»Ich glaub, Handball ist sowieso nicht so spannend. Ich will jetzt erst mal einen Döner essen.«

»Haupteingang raus, über den Vorplatz, rechts schräg gegenüber.«

»Danke sehr.«

»Immer schön, wenn man helfen kann.«

Der Mann verabschiedet sich und streift Annika, die sich nähert, wie beim Auf- und Abgang einer Szene im Theater. Ganz wunderbar. Dynamisch huschen sie aneinander vorbei, und meine heldenhafte Schneekugelrückeroberin legt die Rosinenschnecke auf die Theke, die sie sich als Nachtisch aufbewahrt hat. Wortlos fällt ihr Blick auf meine Provokationstasse. Annika stammt aus der Geißbockstadt und ist ursprünglich ein echt kölsch Mädche. Den Dialekt lässt sie am Tresen aber nur selten durchscheinen.

Mein Magen knurrt. Annika öffnet das Eingangstürchen zu unserem kleinen Saloon, setzt sich und sagt: »Und? Irgendwelche besonderen Geschehnisse, während ich weg war?«

»Nö«, sage ich, »alles absolut wie immer«, verabschiede mich in meine Pause und sehe noch, wie Annika beim

Anblick der auf dem Bildschirm noch geöffneten 8-Stunden-Deutschlandfahrt zur Vermeidung von Köln fachfraulich beeindruckt die Augenbrauen hebt.

Nichts sehen, nichts sagen

🚂 Es ist ja so: Frühmorgens ist es immer kalt. Winter, Sommer, Frühling, ganz egal. Wenn Annika und ich um 6 Uhr die Frühschicht antreten, klebt klamme Ungemütlichkeit in den Fasern der Klamotten, zwischen den Tasten des Computers und in jeder Ritze unseres kleinen Kabuffs, das im Grunde ja nicht weniger als unser Zuhause ist. Hier im Service Point verbringen wir die meiste Zeit unseres Lebens, absolut gerechnet. Also, sagen wir: im Stehen. Wenn ich zu Hause bei meiner Buffy bin, liege ich meistens. Oder hocke vorm Computer und recherchiere aus Spaß über alte Treiber und den Schabernack, den sich böse Menschen mit der Naivität normaler Nutzer erlauben. Die Zeit, die ich zu Hause oder auswärts aufrecht stehend und redend mit anderen Menschen verbringe, addiert sich bei Weitem nicht auf die Zeitalter und Äonen, in denen ich mich hier hinter dem Tresen der Weisheit und des Dienstes am Kunden bewege. Da will ich es wenigstens am feindselig frühen Morgen gemütlich haben. Und damit es gemütlich ist, braucht der Mensch zwei Dinge: heiße Luft und heißen Kaffee.

»Morgen, mein Schneekügelchen«, begrüße ich Annika, die sich bereits hinter den Rechner gepflanzt hat und sich noch die leidende Kauerstellung gönnt, da kein Kunde im Moment etwas von uns wissen will. In rund dreißig Minuten sieht das anders aus, aber jetzt, um 5:57 Uhr, schleichen ausschließlich wortkarge Wesen durch die grell erleuchtete Halle. Rotäugige Nachtschichtler aus den Krankenhäusern oder Spielhallen, denen der Weg ins heimische Bett viel zu weit ist. Missmutige Pendler auf dem Weg zur Arbeit mit Gesichtern wie zusammengedrückte Medizinbälle. Und vor allem: die Pfandsammler, die ihre Arme in die Glasabteilung jedes Mülleimers stecken, bevor die Frühschicht unseres Reinigungsdienstes beginnt, die stählernen Ungetüme zu öffnen und die Tüten aus extrareißfestem Plastik herauszuzerren.

»Mrrooon«, entgegnet Annika meinen kristallklaren Gruß mit einem für sie als Berufssonnenschein untypischen Murren. Meine starke, tapfere, dem Leben stets den süßesten Saft abpressende Kollegin ist nur gegen eines machtlos: die Kälte.

»Komm hier, frisch und heiß«, sage ich, stelle die riesigen Becher vom Bäcker ab, öffne den Schiebeschrank und hole uns echte Tassen zum Umfüllen heraus. Einmal Winnie Puuh für sie, und für mich heute die etwas dezentere Variante, um die Düsseldorfer zu provozieren: ein Becher mit dem Motiv des 1988er-Albums *Da Capo* von BAP. Ich schütte um und drücke ihr den Kaffee in die Hand.

»Bist der Beste«, sagt sie.

»Lass mich mal Bahnvorstand werden«, sage ich. »Dann werden hier ergonomische Stühle von der Brücke des Raumschiffs Enterprise eingebaut, in denen wir auf Augenhöhe der Kunden thronen und hinter uns, eingelassen in eine doppelte Wand aus Stahl und Glas, gibt es stets einsatzbereite Koffeindüsen.«

Annika lächelt, trinkt, schüttelt den Schnee in ihrer Kugel auf und tippt auf ein paar Ausdrucke.

»Hier. Dein Bildschirm gestern hat meinen sportlichen Ehrgeiz geweckt.«

Ich nehme die Blätter zur Hand.

Sie erklärt: »Es gibt noch vier weitere Varianten, von hier nach Bonn zu fahren, ohne dabei Köln zu kreuzen. Obwohl, vielleicht sind es ja auch noch mehr. Ich habe jedenfalls bis jetzt vier gefunden. Die längste dauert 17 Stunden.«

Ich grinse.

Die Annika.

Ich sage: »Soll ich mal eine über Italien versuchen?«

Schritte nähern sich, die so unverkennbar klingen, dass ich sie auch im Stockdunklen zuordnen könnte. Die Sohlen fünfzig Jahre alter Cowboy-Stiefel auf dem kalten Marmorgranit. Dazu laute Selbstgespräche in jenem schleimigen, rostigen, kehlig gurgelnden Klang, wie ihn nur ein Lebenswandel erzeugen kann, der klare Prioritäten setzt. Im Zweifel immer erst trinken und rauchen, dann essen und duschen.

Carlos.

»GRUUUACH!«

Der Altrocker speit aus. In eine Mülltonne. Immerhin. Ganz abgewöhnen kann ihm den öffentlichen Auswurf keiner mehr. Als ich ihm einmal zurief »Schluck runter!« und er es dann auch wirklich tat, wurde die kleine Annika ganz weiß im Gesicht. Dann grün. Dann wieder weiß. Sie sprang auf, rannte in Richtung Toiletten und kam erst zwanzig Minuten später wieder. Den Rest des Tages schmierte sie sich Salbe von Zovirax auf die Lippen, so wie andere Damen ständig den Lippenstift nachziehen.

Jetzt gerade jedenfalls schaut Carlos seinem Körperprodukt noch einmal hinterher, als könne er es am Boden des dunklen Mülleimers erkennen, hebt Kopf, Brauen und Hände, schlurft weiter und brabbelt dabei lautstark: »Geht schon! Geht schon!«

Das sagt er immer, rund um die Uhr, in jeder Situation: »Geht schon!«.

Es passt aber auch immer. Ob er nun hustet und speit, sich auf dem Boden sitzend ächzend dreht oder mit den zwei Worten das immer noch mächtige Klackern seiner Stiefelsohlen unterstreicht, für die ebenso gilt wie für seine speckige Jeans und seine Lederjacke: geht noch. Hält. Was man von Carlos' Deo leider nicht sagen kann. Der Mann zählt sechzig, vielleicht siebzig Lenze und ist Lemmy Kilmister von Motörhead, der berühmtesten Warze des Rock'n'Roll, wie aus dem Gesicht geschnitten. Anders als Lemmy hat Carlos jedoch immer noch nicht mit dem Saufen aufgehört. Und das schlägt einem halt auch einfach schon mal auf drei Metern Entfernung entgegen.

»Geht schon!«, grölt Carlos noch einmal, macht ein paar Schritte, so dass er schräg gegenüber vor dem kleinen Supermarkt zum Stehen kommt, und nestelt dort seinen zerfetzten Rucksack vom Rücken. Dabei redet er mit seinem imaginären Begleiter, mit uns, mit den Vorübergehenden, mit der Welt.

»Ist doch alles Schwachsinn! Hab ich ihm gesagt. Ich habe es ihm gesagt. So geht man die Sache nicht an. Und dann die Kinder und alles. Diese Knallcharge, die verfluchte!«

Menschen wie Carlos sind Stammgäste in deutschen Bahnhöfen. Neunzig Prozent der Fahrgäste haben Angst vor ihnen. Gut, seien wir ehrlich: fünfundneunzig. Die restlichen fünf Prozent geben es nicht zu, weil sie denken, sie seien dann Faschisten. Der Bahnhof gilt in Deutschland als öffentlicher Raum, auch wenn die Bahn hier im Gebäude natürlich das Hausrecht besitzt, nicht anders als ein Ladenbesitzer in seinen vier Wänden oder ein Hafenmeister auf seinen Stegen. Die Sicherheitskräfte sind jedoch mittlerweile dazu angehalten, dieses Hausrecht nur sehr behutsam auszuüben. Vor allem dann, wenn's draußen unwirtlich und kalt ist. Vor einigen Jahren schloss der Mitarbeiter eines nicht rund um die Uhr betriebenen Bahnhofs in einem winzigen Provinznest wie jeden Abend das Gebäude ab und komplimentierte einen Obdachlosen, der sich dort einnisten wollte, vorher hinaus. Er kann den Mann ja schlecht der Freiheit berauben, und abschließen muss er. Natürlich teilte er dem Herrn mit, wo genau er die örtlichen Anlaufstellen fände, die Betten für Notfälle bereitstellen. Ergebnis: Die Bahn wurde erfolgreich wegen unterlassener Hilfeleistung verklagt. Den Mann in einer klirrenden Winternacht einfach unbeaufsichtigt in einem unbeheizten, abgeschlossenen Gebäude liegen zu lassen, wäre ja auch eine fantastische Hilfeleistung gewesen. Die Politik würde es mit ihrer scheinbaren Glitzerstädtehaltung niemals zugeben, aber hinter vorgehaltener Hand sieht sie es gern, dass der Bahnhof trotz aller Einkaufsmeilen mit modernen Saft- und Sushibars letzten Endes immer noch das Auffangbecken für die Gescheiterten ist. Ich kümmere mich wirklich gerne um diese Leute, möchte aber doch an dieser Stelle den Vorschlag machen, dann auch konsequenterweise die Rathäuser, Amtsstuben und sämtliche ungenutzten Sitzungssäle des Bundestages für Carlos und seine Freunde zu öffnen. Auch wenn die kleinen 0,2-Liter-Fläschchen von San Pellegrino, die nach den Plenardebatten auf den Tischen übrig bleiben, viel weniger Pfand einbringen als die wuchtig leichten 25-Cent-Einwegplastikpullen.

Annika hält ihren Becher beidhändig, sieht mich an und spreizt in Zeitlupe ihren kleinen Finger ab, um mich darauf aufmerksam zu machen, dass vor dem Tresen wohl schon seit geraumer Zeit eine Kundin steht.

Die Frau hat aber auch nichts gesagt.

Wie ein Siebenschläfer schaut sie mich an, zittert mit der Nase und traut sich nicht, mich etwas zu fragen, obwohl niemand anders weit und breit wartet. Ich kenne das. Diese besonders schüchterne Sorte Mensch braucht immer erst ein Signal ihres Gegenübers, um den Mund aufzukriegen. Sagt man selber nichts, geben sie keinen Mucks von sich. Sie denken dann, man sei noch nicht bereit, noch nicht aufnahmefähig. Ich bin natürlich aufnahmefähig. Dafür stehe ich hier. Das sage ich ihr aber nicht. Sie muss lernen, sich im Leben zu nehmen, was sie möchte. Ich bin gespannt, wie lange es noch dauert, bis sie wenigstens ihren schmalen Finger hebt wie eine Schülerin in der letzten Reihe. Bis dahin nehme ich noch einen Schluck aus meiner Tasse mit dem Aufdruck der Kölschen Rocker.

»Herr Schorsch!«

Der kleine Prinz kommt.

Kündigt sich schon mal an, aus hundert Metern. Winkend. Nachts taucht er nie auf, aber bei einer Frühschicht zeigt er ab und zu Präsenz, damit wir nicht denken, er sei wie einer dieser faulen Viehbarone bei *Lucky Luke*, die ihr Geld damit verdienen, bis mittags zu schlafen und den Rest des Tages die fetten Steaks ihrer eigenen Rinder zu verspeisen.

»Herr Schorsch!«

Carlos hat sich mittlerweile gegenüber in die Hocke begeben und holt das Zubehör für seine Tagesration aus der Tasche. Ein Tetrapak Orangensaft und eine Flasche Wodka.

»Herr Schorsch!«

Der kleine Prinz war früher mal Architekt und trägt heute sein rotes Jackett. Wirklich. Knallrot. So rot, dass es schon beim kleinsten Blick darauf in den Augen brennt und die Schläfen anfangen, wie eine Dampfmaschine zu pochen. Zum Jackett des großen Alarms wählte er seine eckige, randlose Brille. Das Jackett spannt auf seinem Bauch. Mein Chef denkt, er sei Detektiv Thomas Magnum, ist aber eher *Der Alte*. Der Alte als kleiner Prinz. Und gerade ist er auf Krawall gebürstet, so wie er beim Laufen mit den Ärmchen ausholt.

Die schüchterne Kundin ist erleichtert, da sie nun einen offiziellen Vorwand hat, mit ihrer Anfrage noch ein wenig warten zu müssen. Der kleine Prinz baut sich vor mir auf und sagt, mit einem winzigen Seitenblick auf die zaghafte Frau: »Herr Schorsch, ich möchte nicht, dass Sie hier ständig vor den Leuten Kaffee trinken!«

Wenn der kleine Prinz sich vor dem Tresen aufbaut, ist es so, als zeige ein neunjähriger Junge im Kiosk auf die Plastikboxen mit den Weingummis und frage, wie viel Cent er noch offen hat.

Kein Kaffee.

Was denn noch?

Atemverbot?

Vermeidung unschöner Vokale in der Kundenberatung?

Ich nehme ganz ruhig meine Tasse von BAP, führe sie langsam zum Mund, nehme einen Schluck, setze sie wieder ab und sage: »Wissen Sie, was ich alles nicht möchte? Ich möchte nicht, dass in Afrika Kinder verhungern. Ich möchte nicht, dass in Indonesien Leute schlechtes Wasser trinken müssen. Ich möchte überhaupt eine Welt, in der ich aus einer Toilette trinken kann, ohne Ausschlag zu kriegen. Und all das passiert nicht.«

Die schüchterne Kundin wird bleich. Sie hat noch nie erlebt, dass man so mit Autoritätspersonen reden kann. Obwohl, Autoritätsperson...

Der kleine Prinz wird rot, also auch über dem Jackett.

Carlos ruft: »Geht schon! Geht schon!« und beginnt, in aller Seelenruhe das Tetrapak aufzuschrauben, als brauche es dazu viel Zeit und Kraft. Die ersten Tropfen Saft suppen heraus.

Ich fahre fort: »Wenn Sie nicht wollen, dass ich hier Kaffee trinke, dann gibt es da was ganz Einfaches: Sie geben mir das jetzt kurz akustisch und dann, im Laufe des Tages oder wann immer Sie Zeit haben, reichen Sie es mir noch mal in Schriftform rüber.«

Der kleine Prinz atmet flach. Sein rechtes Ohr zuckt hinterm Bügel der Architektenbrille.

Ich sage: »Und es wäre schön, wenn Sie mir drei Exemplare Ihrer Eingabe zwecks Kaffeetrinkverbot geben, damit ich auch zum Betriebsrat und zum Betriebsarzt gehen kann. Dann brauche ich es nicht extra selber kopieren, das wäre dann doch einfacher.«

Der kleine Prinz schaut die Kundin an, als hätte er gehofft, sie sei aus irgendeinem Grund nicht mehr da. Oder nie da gewesen.

Ich neige mich einen Hauch nach vorne und frage die Frau in der weichsten Art, auf die ich meinen Bass zum Brummen bringen kann: »Stört es Sie, wenn ich bei der Beratung Kaffee trinke?«

Sie wedelt mit beiden Händen, die Finger aufgefächert, vor ihrer zierlichen Brust, ihrer kleinen Nase und ihren großen Augen herum: »Oh nein, oh nein, keinesfalls!«

»Kann ich denn was für Sie tun?«

»Ich, ja, ich. Äh...«

»Ganz ruhig«, sage ich. »Wir sind doch unter uns.«

Der kleine Prinz hat sich derweil umgedreht und Carlos bemerkt. Der wuchtet sich grunzend wieder nach oben, stakst mit dem mittlerweile aufgedrehten Tetrapak in der Hand zum Mülleimer, kippt 700 Milliliter davon in das Restmüllloch, stellt das Tetrapak wieder obenauf und schraubt die Flasche Wodka auf.

»Ich, also ich...«, flüstert die Kundin.

»Jaaa?«, gebe ich im Tonfall Barry Whites Wunschgeburtshilfe.

Ich sehe, wie der guten Frau ihr Begier bereits auf der Zunge liegt, doch dann verschluckt sie es wieder, während sie einen seltsamen kleinen Hüpfer macht, eine Art umgekehrten Knicks.

»Ach, nichts...«

Ich seufze.

»Möchten Sie vielleicht erst mal einen Kaffee? Aufs Haus?«

Der kleine Prinz bemerkt meine Provokation nicht, denn er hat Carlos im Visier. Mit Recht. Unser lieber Uralt-Rocker mit der Aura zahlloser ausgelassener Schleudergänge hat den frei gewordenen Raum im Tetrapak mittlerweile mit Wodka aufgefüllt und den ersten Schluck von seinem Nuckelkarton genommen. Das macht ihn übermütig und lässt ihn die Sorgfalt vergessen. Statt die leere Wodkapulle (kein Pfand) in das Loch für Glas zu werfen, macht er ein paar tänzelnde Schritte und setzt dazu an, sie schwungvoll wie über die Schulter hinweg auf den Boden zu schleudern.

»Herr Schooohooorsch!«, alarmiert mich der Chef, und ich eile pflichtgetreu hinter dem Tresen hervor. Ich erreiche Carlos gerade noch rechtzeitig, als der die Flasche bereits über dem Kopf hat, packe sie, halte mit der anderen Hand seinen Arm fest, nestele das Altglas behutsam aus seinen Fingern und sage dabei: »Das machen wir heute nicht, Carlos!«

Carlos dreht sich weg und gibt einen mauligen Laut mit vielen schrägen Vokalen von sich, wie ein Teenager, dem im Zeitraffer die Zähne faulen und die Haut einfällt. Ich werfe die Wodkaflasche in das Glasfach des Mülleimers, dessen Restmülldrittel heute den ganzen Tag angenehm blumig nach O-Saft riechen wird. Carlos nimmt einen kräftigen Schluck aus dem Tetrapak. Glitzernd läuft es ihm über die Mundwinkel aufs schwarze T-Shirt unter der offenen Lederjacke.

Annika ruft, von ihrem Becher Kaffee langsam aufgetaut: »Genau, Carlos. Flaschen zerdeppern ist im Bahnhof doch auch uncool. So was macht man besser im Hotel, oder?«

Ich grinse.

Der kleine Chef versteht die Anspielung nicht. Er ist froh, dass ich ein Scherbenmeer verhindert habe. Carlos schaut zu Annika, nicht verwirrt kollegial wie sonst, sondern boshaft schießschartenäugig.

»Halt's Maul!«, schimpft er und knurrt dabei wie ein struppiger Schäferhund, »halt bloß 's Maul, du Fotze!«

Der kleine Prinz im roten Jackett wird blau, wahrscheinlich kurzzeitige Unterbrechung der Sauerstoffzufuhr aufgrund akuten Schocks. Die schüchterne Kundin vor der Theke schlägt ihre Porzellanhand vor den Mund. Annika wirkt ernsthaft getroffen. Und in mir legt sich ein Schalter um. Ich packe Carlos mit beiden Händen am Kragen und ziehe ihn ein Stück nach oben, so dass nur noch die Spitzen seiner Cowboystiefel den Bahnhofsboden berühren. Das ist der Vorteil, wenn man meine Statur hat. Man kann den Leuten auch ganz ohne Fitnesstraining den Boden unter den Füßen entfernen. Vor allem, wenn sie eine Grenze überschreiten.

»So, pass auf, Frollein«, sage ich in meinem strengsten Bass, »wenn du hier noch jemals weiter deine Capri-Sonne für Erwachsene nuckeln willst, höre ich auf der Stelle eine Entschuldigung bei der Dame oder ich trage dich so wie du bist nach Pempelfort und schmeiß dich in den Rhein!«

Carlos murrt Unverständliches.

Ich schüttele ihn.

Der kleine Prinz hebt die Hand: »Herr Schorsch!«

Ins Blau mischen sich bei ihm nun nervöse gelb-rote Flecken.

Ich schüttele den Altrocker erneut. Er ist unglaublich dürr und leicht. Auch darin ähnelt er Lemmy Kilmister, der zwar ein großes Gesicht hat, aber sein Leben lang mit zweigdünnen Stelzen in den Lederhosen steckt. Mister Kilmister hat jedoch immer Stil und bleibt stets ein Gentleman.

»Nun?«

Carlos murmelt: »Nschudgng.«

»Was?«

Ich schüttle. In Carlos gluckert es.

»Herr Schorsch!«

Die schüchterne Kundin schaut sich mein Schütteln und Rütteln in einer Mischung aus Faszination und Ängstlichkeit an. Ich bin mir nicht sicher, ob es ihr hilft, mir später womöglich doch noch eine Frage zu stellen.

»Ich höre nichts!«

»Herr Schorsch!«

Carlos' Blick ändert sich von trotziger Junge zu lieber

Junge. Er deutet an, dass ich ihn loslassen oder wenigstens zur Theke tragen soll. Ich lockere meinen Griff, halte aber eine Hand am alten Leder seiner Jacke, als er nun rüberstakst wie ein Storch im Moor und Annika die Hand reicht: »Entschuldigung ... tut mir leid. Hab halt einen an der Klatsche, was?«

Er funkelt sein charmantestes Lächeln. Seine Hand zittert. Es wirkt fast entwaffnend rührend, wie beim späten Mickey Rourke, wenn er bedauert, was er eben wieder im Delirium gesagt hat. Annika steht auf und schlägt ein. Er schüttelt ihre Hand zaghaft, lässt wieder los, tänzelt zurück und ruft im Singsang des alltäglichen Wahnsinns: »Freunde. Alles Freunde!«

Schlurft davon.

Nuckelt am Karton.

Stolpert fast.

Bleibt stehen.

»Geht doch! Geht doch!«

Nuckelt weiter.

Ich rücke mein Bahnsakko gerade und stelle mich wieder hinter die Theke.

Der kleine Prinz zischt: »Herr Schorsch, sind Sie denn irre? Sie können den Mann doch nicht am Kragen packen wie im Wilden Westen!«

Ich zeige zum staksenden Storch: »Cowboystiefel.«

»Herr Schorsch!«

»Chef, wenn wir uns hier als Autoritätspersonen öffentlich und ohne Konsequenzen beleidigen lassen, können wir den Laden gleich dichtmachen.«

»Ja, aber wenn der Hofmeister hier zufällig rumläuft, auch!«

Der Hofmeister ist ein örtlicher Journalist, der sich seit

Jahren dadurch profiliert, mit Argusaugen darauf zu achten, wo die Bahn sich wieder herausnimmt, die Entrechteten zu schikanieren. Und entrechtet sind für den Hofmeister alle, außer die Mitarbeiter der Bahn und die Fahrgäste der ersten Klasse. Der Hofmeister beherrscht die Register der Rhetorik ganz meisterlich. Treten betrunkene Punks mit Stahlkappenschuhen beispielsweise die Türen von Schließfächern ein oder verfüllen weit schlimmere Exemplare als Carlos dieselben Fächer statt mit Koffern mit den Inhalten ihrer Mägen, und fliegen beide Personengruppen daraufhin mithilfe der Polizei aus dem Gebäude, schreibt der Hofmeister nicht: »Leute, die die Einrichtung zu Klump treten oder versehentlich mit der Kloschüssel verwechseln, sind im Bahnhof der Landeshauptstadt längst unerwünscht.« Nein, der Hofmeister schreibt dann: »Leute, die nicht konsumieren oder reisen wollen, sind im glänzenden Glitzerbahnhof der Geldhauptstadt längst unerwünscht.« Fast so, als würden wir jeden Tag die unbescholtenen Teenager, Rentner oder Althippies, die einfach so stundenlang in den vier riesigen Wänden zwischen Adenauer- und von-Suttner-Platz abhängen, unter unnachgiebigen Tritten und Hieben nach draußen treiben.

Der Hofmeister selbst ist übrigens neben Carlos der einzige Mann, der sich am meisten hier aufhält, ohne dabei »konsumieren oder reisen« zu wollen. Mehr Angst als vor ihm und seiner schlechten Presse hat der kleine Prinz nur noch vor Totalräumungen wegen unbeaufsichtigten Koffern. Und davor, dass uns allen der Himmel auf den Kopf fällt.

»Haben Sie schon Annikas neue Kugel gesehen?«, lenke ich den Chef ab.

»Was?«

Ich zeige auf die Schneekugel der Stadt. »Ein bisschen Lokalpatriotismus«, sage ich.

Der kleine Prinz wirft einen flüchtigen Blick drauf, scannt aber eigentlich die Umgebung nach dem bösen Journalisten ab. »Der Hofmeister ist Frühaufsteher, Herr Schorsch. Daran müssen Sie immer denken.«

Die schüchterne Kundin nimmt einen hörbaren Atemzug. Fast, als ob sie sich jetzt trauen könnte.

»Ja, fragen Sie mich ruhig was!«, sporne ich sie an.

Der kleine Prinz kann keinen Hofmeister entdecken, schleicht zu Annikas Kugel und schaut hinein.

Meine Kundin nimmt noch einen tiefen Atemzug, um Mut zu tanken, da zuckt sie auch schon zusammen, weil hinter ihr in viel zu schnellem Tempo die resolute Frau Schmitz auftaucht. Meine Güte, ist die heute früh dran. Ich frage mich, ob der kleine Prinz sie schon mal gesehen hat, glaube aber nicht. Bevor sie die Frage nach ihrem Koffer stellen kann, sage ich von selber: »Wegen des Koffers bitte morgen noch mal fragen.«

Sie stutzt.

Hebt den Finger.

Dreht die Augen nach links oben, als suche sie im Archiv nach ihrem zweiten Anliegen.

Ich antworte initiativ: »Gleis 11!«

Sie dreht die Augen zurück, lächelt knorrig und johlt losstapfend: »DAAANKEEE!!!«

Der kleine Prinz sieht mich an wie das achte Weltwunder: »Können Sie jetzt etwa auch hellsehen?«

Ich antworte: »Nee. Wollen Sie eigentlich gar nicht wissen, wie Annika das vorhin gemeint hat? Beim Carlos. Von wegen, dass er lieber im Hotel Flaschen zertrümmern soll, weil das cooler ist?«

Der kleine Prinz muss sich sortieren.

Ich wende mich an meine stumme Kundin: »Möchten Sie das hören?«

Sie nickt.

Ich erzähle: »Da sollte es ein Konzert geben, in einem berühmt-berüchtigten Düsseldorfer Kulturzentrum. Umfangreiche Band, fünfzehn Personen, Bläser dabei, alles. Das Konzert fiel mangels ausreichend verkaufter Karten aus, und der Veranstalter ließ die Musiker, die bereits angereist waren, einfach abblitzen. Keine Ausfallgage, keine Entschädigung, nix. War ja im Kulturzentrum und nicht im ISS Dome. Weil: Kommerz = Künstler darf davon leben und Kultur = Künstler muss dankbar sein, die Menschen beglücken zu dürfen. So sie denn kommen. Nun, sie kamen nicht, und die fünfzehn Musiker samt Roadies und Tourmanager blieben auf ihren Anfahrtskosten sitzen. Der Tourmanager hatte aber schon nachmittags die Schlüssel vom Hotel abgeholt. Das war noch nicht gekündigt worden. Weil: Kommerz = Veranstalter denkt an alles und Kultur = Veranstalter ist konfus und stolz drauf. Also kommt der Tourmanager abends hier vom Hintereingang in den Bahnhof, einen ganzen Kranz Zimmerschlüssel in der Hand. Er schaut sich um, sieht ein paar Straßenpunks vorne am Haupteingang, sieht Carlos hier mit seinem Tetrapak auf dem Boden, geht zu ihm, geht zu den Punks und verteilt die Zimmerschlüssel wie Bonbons. Macht euch eine schöne Nacht, sagt er, Frühstück ist inbegriffen. Die Rechnung ging danach an den Veranstalter im Kulturzentrum. Ich will mal so sagen: Was Mick Jagger und Keith Richards in ihren besten Zeiten mit Hotelzimmern angestellt haben, war böhmische Dekorationsarbeit dagegen.«

Der kleine Prinz muss ein Lachen unterdrücken. Ich glaube, zu Hause hat er dafür extra einen Keller, direkt neben dem mit der Märklin-Landschaft. Die Kundin lächelt so breit und erbaulich, als stünde sie innerlich wieder mit fünf Jahren im Freibad und sei gerade das erste Mal vom Einer gesprungen.

»Mit der Kugel hier«, sagt der kleine Prinz und zeigt auf Annikas Schneegestöber. »Ich weiß nicht, ob das geht. Neutralität, wissen Sie? Neutralität.«

Hat er denn nicht den Aufdruck auf meinem Kaffeebecher gesehen?

»Wo denn?«, brüllt Carlos ohne Vorwarnung, der bis eben leise nuckelnd auf einem Wartesitz weit entfernt am anderen Ende des Bahnhofs kauerte. »Wo sind sie denn, na? Siehst du sie irgendwo??? Hör doch auf!« Zornig winkt er einem unsichtbaren Gesprächspartner ab. Einen Pendler, der gerade an ihm vorbeigeht und ein lufthauchzartes Croissant aus seiner Tüte saugt, blafft er an: »Siehst du ihn etwa? Schwachkopf? Hä?«

Ich mache Anstalten, wieder die Theke zu verlassen, doch der kleine Prinz hebt die Hand: »Nein, lassen Sie. Ich mache das schon.«

Er geht zum Hotelzimmer-Zertrümmerer und redet so behutsam auf ihn ein, als luge der Journalist Hofmeister heimlich mit seinem kleinen Beobachterköpfchen überall hinter den Anzeigetafeln oder aus den Schlitzen der Fahrkartenautomaten hervor.

Ich schöpfe ein letztes Mal Hoffnung, drehe mich erneut zur Kundin und frage, wohl ein wenig zu forsch, aber gut gemeint: »So, und jetzt sagen Sie mir, was ich für Sie tun kann, okay? Eins, zwei…«

Sie wird rot, weitet die Augen, dreht sich um und läuft

fort Richtung Gleise. Ich bin kein guter Motivationstrainer. Oder einfach grundsätzlich der böse Wolf.

»Noch einen frischen?«, frage ich Annika und hebe den Kaffeebecher. Sie nickt.

»Die Kugel bleibt stehen«, sagt sie.

Oskar allein am Gleis

»Müssten Sie jetzt nicht unten am Tresen sitzen?«, fragt mich der Rollstuhlfahrer, den ich gemeinsam mit dem Zugbegleiter aus dem IC hebe. Die Frage ist keine Kritik, im Gegenteil. Sie ist lieb gemeint, als Kompliment für meinen Einsatz.

»Am Tresen?«, antworte ich. »Um 11:25 Uhr schon zum Altbier in die Tunnelschänke? Nee, lassen Sie mal, das ist ein bisschen zu früh.«

Der Rollstuhlfahrer lacht und klopft mir mit der Rückseite seiner Hand gegen den Arm. Die Stufen in den Türen alter ICs sind Steilklippen, und der Zugbegleiter misst zwei Köpfe weniger als ich. Er ist noch grün hinter den Ohren und glaubt, er könne diesen Beruf mit der Statur eines französischen Jungschauspielers ausüben. Dünne Arme, lange Finger und Jeansgröße Null, als Mann. Schweißtropfen glitzern auf seiner Stirn.

»Ich mein ja nur«, plaudert der Rollstuhlfahrer weiter, »ich will ja auch nicht, dass dort unten jetzt zwanzig Kunden ohne Fahrplanauskunft dastehen, nur weil hier oben ein Geräderter aus dem Zug gewuchtet wird.« Der Mann gefällt mir. Er fühlt sich gerädert. Das ist mein Humor. Die wenigsten Rollstuhlfahrer teilen diese Art von schwarzer Komik, allerdings müssen die meisten davon ihre Reise auch in Zügen antreten, die immer noch nicht rollstuhlgerecht sind und beim Ein- und Aussteigen Hilfe erfordern, wie er. Das heißt: Sie schlagen vorher nach, wo sie hinwollen, wie oft sie umsteigen müssen und wie es an den Zielorten aussieht, um sicher sein zu können, dass sich stets zwei Personen finden, die sie aus dem Zug heben. In der Regel sind das der Begleiter aus dem Zug selbst und ein Service-Mitarbeiter des Bahnhofs wie ich. Häufig helfen auch Mitreisende. Sprich: Prinzipiell ist das alles problemlos geworden und von gegenseitiger, mit nettem Small Talk garnierter Höflichkeit geprägt, die allen den weiteren Tag versüßt.

Außer bei Herrn Schütte.

Ich muss an ihn denken, als wir den heutigen Rollstuhlfahrer endgültig aus dem Zug »wuchten«, wie er sagte, und ich betone, dass bei ihm von »wuchten« allerdings keine Rede sein kann, was der hochrot schwitzende Hänfling von Zugbegleiter etwas anders sieht.

Herrn Schütte jedenfalls kann man nicht so einfach aus dem Zug heben. Herr Schütte gehört zu den Menschen, die ihre Behinderung nicht zum akzeptierten Teil, sondern zur identitätsstiftenden Basis ihrer Existenz gemacht haben. Mit einem Blick wie einer dieser Nebendarsteller in alten Western, die ständig Streichhölzer kauen und zu Beginn der Ballerei als Erste von der Pferdetränke geschossen werden, manövriert er sich durch die Züge und fährt den Menschen absichtlich über die Füße. Beschweren sie sich, dreht er sich um und schaut sie stumm an, als wolle er sagen: Du attackierst einen Benachteiligten? Im Bordrestaurant fährt er mit dem Stuhl neben die Ausgabetheke und bestellt lautstark, am liebsten dann, wenn ein Kunde, der die Schuld der Gehfähigkeit auf sich geladen hat, gerade selber bei seiner Bestellung mitten im Wort ist. Sein Kopf hat die Form eines eingedellten blechernen Brotkastens, und seine Stimme klingt zwar tief, lässt dabei aber jedweden Bass oder Bauch vermissen. Bei der Bahn ist Herr Schütte bundesweit bekannt für seine abenteuerliche Reiseplanung. Gern setzt er sich spätabends in einen Zug und peilt mit der Ankunftszeit 0:15 Uhr ein Ziel in der allertiefsten Provinz an. Bahnhöfe, die diese Bezeichnung kaum verdienen. Zwei brüchige Gleise auf dem Land, einsam gelegen zwischen Maisfeldern, Kuhwiesen und Getreidespeichern. Bahnhöfe, die – wie jeder weiß – keinen Service Point haben, keine Schalter, keine Geschäfte, keine Vorhalle, nichts. Nur einen Fahrradständer und einen Fahrkartenautomaten. Dorthin fährt Herr Schütte allein. In Zügen, die noch zu den alten Modellen gehören, die nicht ebenerdig halten. Da die meisten Provinzbahnhöfe heutzutage gar nicht mehr von der Deutschen Bahn, sondern von privaten Regionalunternehmen bedient werden, deren Züge alle grundsätzlich rollstuhlgerecht sind, ist es im Übrigen gar nicht so leicht, überhaupt noch eine alte, rote Regionalbahn unseres Unternehmens zu finden, die an solchen Stationen hält. Aber Herr Schütte schafft das. Unbemerkt vom Zugpersonal lässt er sich am Startbahnhof durch zwei heimische Komplizen in den Zug wuchten, fährt dann wortlos quer durchs Land und spricht erst eine Station vor der Ankunft den Schaffner im Zug an, um ihn zu fragen, wie er sich das denn nun genau vorstelle. Was er meine, fragt daraufhin der Schaffner, und Herr Schütte antwortet entrüstet: na, das Aussteigen natürlich. Ob der Schaffner ihn hier um Mitternacht ganz allein aus dem RB heben wolle. In diesem Augenblick wird dem Schaffner klar, dass Herr Schütte als Rollstuhlfahrer in einem nicht rollstuhlgerechten Zug wohl vergessen haben muss, diesen Service vor der

FRÜHSCHICHT

Fahrt anzumelden. Es ist selbstverständlich möglich, einen Rollstuhl samt Fahrer aus einem Zug zu kriegen, egal, wohin es geht und wie spät es ist. Die Deutsche Bahn schickt kräftige Männer auch um 3:35 Uhr raus zu den Getreidespeichern und Maisfeldern, falls um die Zeit dort ein Zug halten sollte, braucht dazu aber ein wenig Vorbereitung. Ein Bäcker hat die Sonderbestellung Schnittbrötchen aus Amaranth und Kamut, gefüllt mit Walnüssen und getrockneter Papaya, auch nicht einfach so vorrätig. Natürlich macht der Schaffner Herrn Schütte keinen Vorwurf, er hätte vorbestellen müssen, sondern beginnt, mit hektischen Flecken im Gesicht, in wenigen Minuten alle Hebel in Bewegung zu setzen, um spätnachts noch von irgendwoher einen Kollegen an die Gleise des Provinznestes zu kriegen. Meistens gelingt das sogar ... oder es findet sich ein zweiter Mann im Zug, der mit anpackt. Ein leicht angeschickerter Fahrgast mit ärmelloser Lederweste und Tattoo oder der Zugchef. So oder so: Steht Herr Schütte schließlich auf dem Bahnsteig und fragt, wo denn sein Taxi bleibe, von dem vorher ebenfalls keine Rede war, schreibt er im Geiste bereits seine Beschwerde an das Unternehmen und seine Nachrichten an die Presse, wie rücksichtslos und ignorant die Deutsche Bahn auch heutzutage noch mit den Benachteiligten dieser Gesellschaft umginge und dass sie immer da, wo sie ein wenig gefordert wäre, weiterhin ihr wahres Gesicht offenbare. Den Journalisten Hofmeister kennt Herr Schütte übrigens auch ganz gut.

»Tasche?«, frage ich den Zugbegleiter, und der keuchende Hänfling reicht den Weekender nach, wie man gute Ledertaschen mit Fassungsvermögen für zwei Tage heute in der Fachbranche nennt. Der nette Rollstuhlfahrer klopft auf seine Oberschenkel. Ich stelle die Tasche drauf.

»Danke noch mal«, sagt er.

»Ist unser Job«, antworte ich.

Der Hänfling will was sagen, klappt aber nur den Mund auf und zu.

Ich hole dem Rollstuhlfahrer noch schnell den Aufzug herbei und verabschiede mich, eile aber nicht wieder direkt runter zum Dienst an der Beratungstheke. Der Mensch braucht Ruhe in den Übergängen. Hat Annika mir erklärt, das steht in einem ihrer weisen Lebensratgeber. Es sei im Grunde wie im Theater: Zwischen den verschiedenen Szenen schließt sich dort kurz der Vorhang. Zum Umbauen und Durchatmen. Das ist wichtig. Also: Vorhang zu, bevor es weitergeht!

Ich stelle mich also auf den Bahnsteig und beobachte die Leute. Lasse den Blick über alle Gleise schweifen. In Düsseldorf verteilen sich die Menschen recht gleichmäßig auf sämtliche vorhandenen Bahnsteige. Das sieht in Essen, der Perle des Ruhrgebiets, oder in Köln, der Perle des Christenreichs, ganz anders aus. Im Gegensatz zu uns haben diese Bahnhöfe noch ein Gleis 1. Das hat fatale logistische Auswirkungen. Dutzende, manchmal Hunderte von Menschen knubbeln sich dort und treten sich gegenseitig auf die Füße. Nicht, weil auf Gleis 1 die meisten Züge halten oder die Züge mit den meisten Fahrgästen, sondern weil Menschen, die aus verschiedenen Städten anreisen und sich am Bahnhof verabreden, nicht einfach sagen: Treffen wir uns am Haupteingang. Oder: Treffen wir uns am Service Point. Nein. Die Menschen sagen tatsächlich: Treffen wir uns an Gleis 1. Hey, wir haben uns fast zwanzig Jahre nicht gesehen. Lass mal machen. Köln, morgen um elf, ja. Gleis 1? Und dann stehen sie da und erkennen sich nicht. Möglichkeit a: Zwanzig Jahre sind eine lange Zeit, und zumindest einer von ihnen hat vergessen, zur Haut- und Zellpflege sein Traubenkernöl anzuwenden. Möglichkeit b: Man steht nicht alleine auf Gleis 1, auch wenn gerade kein Zug kommt, da noch ein paar Dutzend andere Leute diese Idee hatten. Keiner kommt schließlich drauf, endlich mal zu sagen: »Manfred, wir haben uns ewig nicht gesehen. Treffen morgen? Gleis 13?«

Und so warten sie und warten auf den alten Freund, während gruselige Horden an ihnen vorbeiziehen. Fußballfans, teils polizeibegleitet. Junggesellenabschiede. Frankfurter Analysten. Ein traumatisches Warten. Das bleibt uns hier erspart. Nicht aber die meistgestellte Frage nebenbei: »Äh, Entschuldigung, nur ganz kurz. Ich bin gleich an Gleis 1 verabredet, kann es aber nicht finden!«

Ich überlege, mich rüber in das gelbe Rechteck zu stellen und eine zu rauchen. Der kleine Prinz sieht das noch weniger gern als mein ständiges Kaffeetrinken vor den Kunden. Kann ich besser verstehen. Hängt mit dem Zeitgeist zusammen. In den Fünfzigern war Rauchen Wohlstand und Sex, lasziv hing die Zigarette in den Mundwinkeln von Detektiven, Halbstarken oder Femme Fatales auf Kinoplakaten. In den Sechzigern war es Freiheit, in den Siebzigern und Achtzigern die Männlichkeit des Actionhelden. Steckt sich heute beim *Tatort* einer eine Kippe an, ist er entweder der Täter oder ein psychisch kranker Kriminalist, der mit dem Tod seines Partners nicht klarkommt. Solche Signale wollen wir auf dem Bahnsteig nicht aussenden. Ich krame also in meiner Kleingeldhosentasche und ziehe mir stattdessen aus dem Automaten eine quadratische Schokolade mit dem Knick, deren Marke Ihnen gerade bestimmt nicht einfällt, weil ich sie gewissenhaft verschweige. Am Gleis gegenüber steht der ICE nach Berlin über Frankfurt und Frankfurt Flughafen. Mir fällt mal wieder auf, dass das Tempo, in dem ein Mensch in diesen Zug einsteigt, alles über seinen Familienstand, seinen Beruf und seine aktuelle Lebenslage sagt. Jungmanager oder Freiberufler haben nur eine Ledertasche oder Laptopmappe unter dem Arm, sind schon im Vorfeld darüber informiert, in welchem Gleisabschnitt das Bordrestaurant hält, stellen sich dorthin und stürzen in den Zug, um einen Tisch zu bekommen, einen großen XXL-Kaffee zu ordern und unter dem Schild mit dem durchgestrichenen Computersymbol ihren Computer aufzuklappen. Altmanager oder selbstständige Vertreter jenseits der fünfzig setzen sich ebenfalls ins Restaurant, aber längst nicht mehr, um zu arbeiten. Sie lassen sich mehr Zeit beim Einsteigen und Platznehmen, bestellen drinnen das teure Hauptgericht mit Fleisch und genießen dazu ein großes Bier... gerne auch schon um 11:25 Uhr. Oder morgens um 9. Weil sie unbeobachtet sind. Und während die schöne Landschaft vorbeizieht, stellen sie sich vor, was zu Hause bei der Gattin los wäre, würden sie sich an einem sonnigen Samstag um 9 Uhr morgens auf die sauer verdiente Terrasse des eigenen Gartens stellen und dort zischend ein kühles Pils öffnen. Das verantwortungsbewusste Eheweib gäbe keine Ruhe, ehe man auf einen Therapieplatz in einer Entzugsklinik in den Bergen verfrachtet wäre.

Am Längsten zieht sich das Einsteigen bei Familien mit mehreren Kindern hin. Während eine Entenfamilie – führe sie denn mit dem Fernzug – einfach zügig hintereinander weg in die Tür hüpfen würde, belasten sich die Rudel des Homo sapiens mit Gepäck. Hat solch ein Rudel eine Tür auserkoren, kann an dieser Stelle niemand anderes mehr ein- oder aussteigen. So wie gerade dort, an Waggon 12. Die Mama selbst steht schon im Zug und nimmt die kleineren Kinder entgegen, die eigentlich schon selbst laufen können. Derweil redet sie auf sie ein, zeigt in den Flur, zeigt in den Zwischenraum. Sie fuchtelt und fabuliert, als sei der Zug kein gerader Schlauch, sondern ein verwinkeltes Barockschloss, in dem man sich ohne ihre Anweisungen hoffnungslos aus den Augen verliert. Die vielen Taschen und Beutel, die sie am Körper trägt, erschweren ihr das Erteilen der Befehle. Über der linken Schulter hängt eine Handtasche mit kurzem Bügel, an der rechten baumelt eine Art Seesack mit langem Gurt, der ständig abrutscht. Wie alle dynamischen Mütter Mitte 30 hat sie keinen Rollkoffer dabei, sondern zusätzlich einen gigantischen Rucksack auf dem Rücken. Die Kinder selber schwingen je nach Geschlecht kleine bunte Taschen von Bob, dem Baumeister, oder *Hello Kitty*. Der Vater, der sie vom Bahnsteig aus in den Zug schiebt, wuchtet noch eine Reisetasche hinterher, in der allein drei weitere Kinder Platz finden würden, müsste er sie heimlich transportieren. Am Griff der Tasche klebt der Gepäckzettel einer Fluglinie. Der Zug beginnt zu piepen und deutet damit das nahende Schließen der Türen an. Der Mann springt kommandoerprobt hinein.

»*An Gleis 18 fährt ab ICE nach Berlin Hauptbahnhof über Dortmund und Hannover. Bitte einsteigen, Türen schließen selbsttätig. Bitte Vorsicht bei der Abfahrt des Zuges.*« Die Türen schließen sich.

Ein letzter Blick auf die Familie im Inneren. Köpfe und Taschen, Gurte und Laschen. Ein Computerspiel-Designer würde ein Wimmelbild daraus machen. Erst jetzt bemerke ich einen etwa Achtjährigen, der noch auf dem Gleis steht und vorher vom Vater, der ebenfalls einen Rucksack in der

Größe eines VW Lupo auf dem Rücken trug, verdeckt worden sein muss. Der Zug setzt sich in Bewegung, das Gleis leert sich. Generell liebe ich den Moment, in dem ein Gleis sich leert, an dem der nächste Zug erst in einer Viertelstunde kommt. Die kurze Zeitspanne, in der selbst am helllichten Tag für ein paar Minuten diese paar Meter inmitten ungebrochenen Trubels verlassen daliegen. Wie ein Strand bei Ebbe, wenn das Meer die Muscheln freigibt. Oder, in diesem Fall, einen vergessenen Jungen. So schweigend wie verdutzt schaut der Kleine dem abfahrenden Zug hinterher.

Winkt nicht.

Rennt nicht.

Ruft nicht.

Guckt einfach nur.

Er trägt kein signalbuntes T-Shirt von Bob, dem Baumeister. Dafür ist er schon zu groß. Sein T-Shirt ist von Pokémon, diesen kleinen japanischen Comicmonstern.

Er wartet ab, bis der weiße Wurm aus Stahl und Fiberkarbon am Horizont verschwunden ist. Derweil gehe ich auf ihn zu. Gleich wird das Heulen beginnen. Es ist wie beim Hinfallen und Knie aufschlagen. Da heulen sie auch niemals sofort. Erst, wenn sie für sich selbst klarhaben, was passiert ist. Oder, wenn einer guckt. Aber dieser Junge ist anders. Dreht sich zu mir und heult immer noch nicht. Schaut einfach nur konsterniert aus der Wäsche. Als wolle er sagen: aha. Jetzt weiß ich, was ich darauf geben kann, dass Mama mir bei jedem neuen Geschwisterchen versichert hat, sie hätte mich trotzdem so lieb wie immer und würde mich wegen der Bea und der Lea und dem Leon doch nicht vergessen. Jetzt weiß ich Bescheid.

»Hallo«, sage ich. »Wie heißt du?«

Der Junge schweigt.

FRÜHSCHICHT

Ich kenne das schon. Annika hat es mir auch mal erklärt. Andreas, hat sie gesagt, du meinst es gut, aber für ein gewisses Alter bist du einfach nicht geeignet. Körper zu groß, Hände zu groß, Füße zu groß, Stimme zu tief. Man kann im Grunde sagen: Andreas erst ab zwölf Jahren.

Nun denn, immerhin trage ich Bahndress. Das müsste dem Kleinen vermitteln, dass er mir trauen kann. Halb misstrauisch, halb neugierig mustert er meine knallrote Mütze.

»Deine Familie fährt zum Flughafen nach Frankfurt, richtig?«

Er nickt, den Blick weiter auf meiner Mütze.

Bevor ich den kleinen Prinzen anrufe, damit der als Bahnhofsleitung sein Netzwerk in Gang setzt, habe ich das Bedürfnis, in der jungen Männerseele Schadensbegrenzung zu betreiben. Denn wie der Junge nach diesem traumatischen Stehengelassenwerden guckt, das erinnert mich an irgendwas Ungutes. Mir fällt nur gerade nicht ein, was.

»Nimm es deinen Eltern nicht übel, das passiert hier jeden Tag«, lüge ich. Er senkt den Blick, von meinem Mützenschirm zu meinen Augen.

»Weißt du, was du machst?«, sage ich. »Wenn du selbst groß bist und viel Geld hast, lädst du deine Mutter auf einen Ausflug ein, nach Wien oder Budapest oder Prag, und dann lenkst du sie bei der Abfahrt ab und lässt sie auf dem Bahnsteig stehen, so dass sie dir alleine nachfahren muss. Na? Wie wär das?«

Der Junge macht nicht den Eindruck, meinen Vorschlag in Gänze nachvollzogen zu haben. Oder doch, und es ist ihm einfach viel zu lange hin. Ich sage: »Du kannst aber auch einfach jetzt in den Ferien das schlechte Gewissen deiner Eltern ausnutzen und jeden Tag drei Eis und riesige Berge Pommes verlangen.«

Jetzt müsste er eigentlich kichern. Wenigstens lächeln. Aber irgendwie wurde das Häkchen für diese Funktion durch die Aktion der Eltern deaktiviert. Der Junge stiert mich unverdrossen an und hebt den Blick wieder zur Mütze. Jetzt weiß ich, an wen er mich erinnert. An Oskar Matzerath aus der *Blechtrommel*.

Ich ziehe mein Diensttelefon aus der Tasche und rufe den Chef an. Der kleine Prinz hebt nach einem Klingeln ab. Der hat heute also wieder nichts zu tun.

»Ja, Chef, ich stehe hier auf Gleis 16 neben einem verlassenen Fundstück.«

»Ach, du großer Gott!«, ruft der kleine Prinz aus, und ich sehe förmlich vor mir, wie er divenhaft die Hand vor seine Stirn wirft. »Dass die Leute niemals aufpassen können. Jetzt muss ich wieder die ganze Maschinerie in Gang setzen. Bahnhof evakuieren, Polizei, Feuerwehr, Kampfmittelräumdienst, alle Züge stoppen. Dabei ist das sicher wieder nichts. Aber was ist, wenn es *doch* was ist? Oh großer Gott, oh großer, großer Gott.«

»Chef, ganz ruhig. Das Fundstück kann sprechen.«

Gut, wissenschaftlich gesehen habe ich noch keinen Beweis dafür, aber man darf ruhig mal davon ausgehen. Meine Bemerkung beruhigt den kleinen Prinzen jedenfalls.

»Oh. Wie jung?«

Ich mustere den Jungen noch mal: »Etwa acht. Oder? Wie alt bist du?«

Als Antwort beginnt Oskar Matzerath nun zu plärren. Eine wahre Sturzflut. Die Leute auf den anderen Gleisen drehen ihre Köpfe. Das war in der Tat mal eine rekordverdächtige Heulverzögerung.

»Ist ja gut«, sage ich, »denk an das Eis. Und die Pommes!«

»Wuuuuuuuuuääääääääääääääääääähhhh!!!«

»Hat er ein Handy dabei?«

Sieh an, der kleine Prinz. Auf diese Frage bin ich noch gar nicht gekommen.

»Hast du ein eigenes Handy?«

»Wuuuuuuuuäääääääääääääääääääähhhh!!!«

»Was sagt er?«

»Nichts. Heult.«

Ich denke an Annikas Worte von wegen »zu großer Andreas« und hocke mich vor den Jungen.

»Komm, du bist doch ein tapferer Mann. Hast du ein Handy?«

Er plärrt weiter, zeigt dabei aber auf meine Mütze. Ich seufze, nehme sie ab und setze sie ihm auf den Kopf. Sie rutscht ihm bis über die Augen, was albern aussieht, aber das Plärren schlagartig beendet. Statt der Augen spricht nun sein Mund: »Kein Handy.«

»Er hat kein Handy«, sage ich.

»Und die Nummer der Eltern?«

Es hat keinen Zweck, den Kleinen das zu fragen, da sich im Zeitalter der Mobiltelefone mit eingespeicherten Einträgen kein Mensch mehr die Zahlen merkt. Aber ich weiß, dass der kleine Prinz nicht lockerlassen würde, also erkundige ich mich beim Oskar mit der Mütze: »Weißt du denn eine Nummer von der Mama? Oder vom Papa?«

Oskar schüttelt den Kopf. Die Mütze bewegt sich nicht mit, so groß ist sie. Der Kopf dreht sich in ihr, während sie gerade bleibt.

»Chef, heute weiß keiner mehr Nummern. Wenn er ein Handy hätte, hieße die eine Nummer ›Mama‹ und die andere Nummer ›Papa‹.«

Der kleine Prinz blättert herum, ich höre es rascheln.

»Gleis 15, sagen Sie? Das war der ICE nach Frankfurt…«

»... Flughafen, ja ja. Urlaubsfamilie. Wundert mich sowieso, dass die noch nicht angerufen haben.«

»Ich suche die Nummer vom Zugchef raus und rufe Sie gleich wieder an. Passen Sie solange auf den Kleinen auf, ja?«

»Mach ich, Chef. Ich gehe mit ihm in der Tunnelschänke einen trinken.«

Eine kurze, instinktive Schnappatmung, dann legt der Chef auf.

Die Tunnelschänke für verlorene Kinder ist die Bahnhofsmission unter der Leitung von Frau Düsselbeck. Ob acht Jahre jung und Freund roter Mützen oder achtzig Jahre alt und Freund roter Labels: Für Frau Düsselbeck ist jeder Gast ein verlorenes Kind. Und sie hat viele Gäste. Frau Düsselbeck vertrauen noch die härtesten und unnahbarsten Fälle unter den Trinkern, Süchtigen oder Obdachlosen, denn anders als ein Streetworker drängt sich Frau Düsselbeck niemals auf. Der Sozialarbeiter kommt zu den Gescheiterten, wo sie auch sitzen, und versucht, eine Verbindung herzustellen, was sehr mühselig ist, da sie denken, er habe keine Ahnung vom Leben und einen Löffel noch nie selbst zum Heroinaufkochen benutzt, sondern nur, um an der Universität seine Weisheit in sich reinzuschaufeln. Frau Düsselbeck kommt zu niemandem. Sie wartet in ihren paar Räumen auf die, die zu ihr kommen. Oder, wie heute, vom langen Schorsch zu ihr gebracht werden.

Als ich ihr Oskar und sein Schicksal vorstelle, klatscht sie auf Brusthöhe die Hände zusammen wie eine theatralische Nonne.

»Ach Gottchen, ach Gottchen, ach Gottchen!«

Das ist interessant, denke ich. Mein Chef spricht vom

großen Gott und Frau Düsselbeck aus der christlichen Bahnhofsmission vom kleinen Gottchen.

»Ja, können Sie den Kleinen bitte etwas aufbauen und trösten? Ich kann das nicht so gut, ich habe zu viel Bass.«

»Aber klar, aber klar«, nickt Frau Düsselbeck und schiebt Oskar in ihre ganzjährig muckelig warme Bude. »Da machen wir dir erst mal einen heißen Kakao, oder?«

Ich bleibe an der Tür stehen und sage: »Und meine Mütze, die bräuchte ich nachher wieder.«

Mein Telefon klingelt. Der kleine Prinz gibt mir die Nummer des Zugchefs durch. Wobei, das sind immer so tolle Worte. Zugchef. Man könnte auch sagen: erster Kartenkontrolleur. Aber wer's braucht. Der Mann heißt Winkelvogt. Ich rufe umgehend durch.

»Ja, guten Tag, Herr Winkelvogt, Schorsch hier, Düsseldorf. Sie haben doch bestimmt eine Familie an Bord, die ihren verlorenen Sohn sucht, oder? Ah, die haben sich schon gemeldet? Ja? Dann geben sie mir mal die Mutter bitte, oder nein, den Vater... ach was, lieber die Mutter.«

Es raschelt.

Es knackt.

Es läuft.

»Schmalfuß?«

»Ja, guten Tag, Frau Schmalfuß, ich habe Ihren Ableger hier.«

»Oh, Gottseidank. Gottseidank!«

Meine Güte, was bin ich heute von Frömmigkeit umzingelt.

»Ja. Folgendes. Sie steigen nachher einfach wie geplant in Frankfurt am Flughafen aus, und ich schicke Ihnen Ihren Spross mit dem nächstmöglichen Zug hinterher.«

»Aber das geht doch nicht. Das kann der doch nicht allein!«

»Natürlich kann der das. Wer allein auf einem Bahnsteig in Düsseldorf überlebt, kann auch allein Zug fahren.«

Die junge Mutter schluchzt. Ich denke an Oskars Blick, bevor er mit dem Plärren angefangen hat. Die paar Minuten, in denen er sich innerlich ein Drehbuch für das weitere Zusammenleben mit seinen Eltern schrieb, bei dem ich als Co-Autor auch noch mitgeholfen habe. Aber so bin ich eben. Große Füße, große Hände, große Klappe.

»Können Sie ihn mir mal geben?«

Ich schaue in Frau Düsselbecks muckelige Missionsräume. Oskar schlürft heißen Kakao durch einen Strohhalm in den Schädel unter der Mütze.

»Wie heißt er überhaupt?«, frage ich.

»Kevin.«

»Nein!«, sage ich. »Im Ernst?«

Die Frau seufzt.

Manchmal darf doch alles nicht wahr sein.

»Kevin!«, rufe ich in die Mission, doch die Mütze hebt sich kaum. Sie zuckt nur kurz. »Deine Mama ist am Telefon!«

Die Mütze überlegt zwei Sekunden.

Schlürft.

Schmatzt.

Dann schüttelt sich unter der Mütze langsam der kleine Kopf.

»Er will nicht«, sage ich. »Ist beleidigt.«

»Nein!«, schluchzt die junge Mutter, und ich spüre, wie sie denkt: Acht Jahre größter pädagogischer Mühen an einem Tag dahin.

»Ich erkläre ihm alles«, sage ich. »Sie warten an dem Gleis, das ich Ihnen nachher durchgebe, und holen Ihren Ältesten ab.«

»Ja, gut...«, antwortet Frau Schmalfuß und flüstert nur noch, als wüsste sie schon, was als Sechzigjährige auf sie zukommt, wenn die Budapest-Reise ansteht.

Ich lege auf und betrete die Bahnhofsmission. Die Sitzbank, auf der Oskar-Kevin seinen heißen Kakao schlürft, wirkt, als hätte Frau Düsselbeck sie nach fünfunddreißig Jahren Einsatz in einem alten Landgasthof gratis mitgenommen. Das Polster zwischen dem dunklen Holz ist abgewetzt, an der Wand darüber hängt ein Gemälde mit Bachlauf, Hirsch und Mühle.

»Einen Kaffee, Herr Schorsch?«

»Aber immer!«, sage ich und würde nun beim Setzen stilvoll meinen Hut ablegen, hätte ich ihn noch auf. Geduldig erkläre ich dem Jungen, dass er gleich nach Frankfurt zum Flughafen fährt und auf keinen Fall alleine aussteigen soll, falls er seine Eltern dort nicht sehen sollte.

Er schiebt die Mütze ein Stück nach oben und schaut mich über seiner Tasse an, den Strohhalm im Mund. Sein Blick sagt: wieso nicht?

Ich sage: »Die Mütze kriege ich aber gleich wieder.«

Oskar-Kevin schiebt den Schirm wieder über die Augen und schlürft stumm weiter.

Frau Düsselbeck gießt mit dem Rücken zu uns Kaffee ein.

»Milch? Zucker?«

»Schwarz.«

Eine Fliege setzt sich zwischen Sitzbank und Landschaftsgemälde.

Oskar-Kevin dreht unter der Mütze den Kopf und mordet sie beiläufig mit der rechten Hand.

Frau Düsselbeck flötet: »Kinder sind unsere Zukunft, Herr Schorsch.«

Ich denke an Budapest.

Als ich den Jungen eine halbe Stunde später dem Zugchef des nächsten ICEs übergebe, piept bereits der Zug, während ich meine große Hand ausstrecke und eine »Jetzt aber«-Geste mache. Oskar-Kevin gibt mir meine Mütze zurück.

Eine Sekunde, bevor die Tür sich schließt.

Und keinen Moment früher.

Eine Reise nach Athen

🚂 Es ist 9 Uhr morgens, und ich studiere gerade die neueste Version einer Zugfahrt nach Bonn ohne Köln, die Annika mir dagelassen hat, bevor sie in ihre große Pause gegangen ist. 22 Stunden und 35 Minuten mit Ausläufern über Österreich und den Balkan. Nicht schlecht. Als ich kurz den Kopf hebe, um zu prüfen, ob Kunden vor der Theke stehen oder ich mich mal an einer Fassung über Skandinavien versuchen könnte, sehe ich ein vertrautes Gesicht vor mir. Einzigartig in seiner Mischung aus Klage, Leid und kindlicher Unschuld. Es ist das Gesicht einer Frau, die Aufstehen vor 10 Uhr und Sprechen vor 11 als Angriff auf ihr innerstes Wesen betrachtet. Das Gesicht einer Frau, die früher als Alleinerziehende ihre dreijährige Tochter auf Geschäftsreisen tagsüber ohne Nanny im Hotelzimmer parkte, weil die Tochter schon »so selbstständig« sei, und sich dann an der Rezeption beim Bezahlen der Renovierung darüber freute, wie »kreativ« die Kleine mit weißen Wänden umgehen kann, wenn nur genug Lippenstift zum Malen vorhanden ist. Das Gesicht einer Frau, die stets einen kleinen Zettel bei sich trägt, auf dem zehn bis zwölf Aufgaben stehen, die von jemandem erledigt werden müssten. Das Gesicht einer Frau, die – sollte keiner da sein – die Treppe ihres denkmalgeschützten Altbaus im Kölner

Stadtteil Weidenpesch hinuntergeht, sich auf den Bürgersteig stellt und jeden vorbeilaufenden Mann anspricht, ob er sich nicht zufällig auskenne? Mit Elektrik, Fernsehprogrammierung, Klempnerei, Computern oder Duschschläuchen. Was eben gerade ansteht. Hat jemand Interesse, sich spontan ein paar schwarze Euro zu verdienen, holt sie ihn ins Haus, lässt ihn Punkt 1 der Liste erledigen und sagt: »Wenn Sie schon mal hier sind ...«. Dann geht es weiter mit Punkt 2 bis 12. Das Gesicht einer Frau, aus deren denkmalgeschütztem Altbau im Kölner Stadtteil Weidenpesch manche Dienstleister bis heute nicht mehr herausgekommen sind.

Ein Gesicht, das sich nur selten in Düsseldorf zeigt.

Das Gesicht meiner ehemaligen Schwiegermutter.

»Morgen, Andreas.«

»Dorit!«, sage ich.

»Schöne Tasse.«

Dorit zeigt auf meinen heutigen Becher mit Willy Millowitsch als Motiv, der unsterblichen Kölner Komödiantenlegende. So ein Kaliber haben wir hier nicht unter den Humoristen. Jedenfalls nicht als echten Eingeborenen. Hape Kerkeling lebte lange hier als Zugezogener, ging aber in die Hauptstadt, Dieter Nuhr wohnt genau genommen in Ratingen, und Mario Barth betreibt in Oberkassel lediglich sein Zweitbüro und eine Nebenwohnung. Obwohl, die Cordula Stratmann kommt gebürtig von hier. Ihre Arbeit hätte dem alten Willy sehr gut gefallen.

»Was machst du denn hier?«, sage ich. »Käffchen gefällig?«

Sie nickt.

Ich ziehe ihr zu Ehren die 1. FC Köln-Tasse aus dem Schrank und gieße ihr aus meiner neuen Thermoskanne ein, in die ich nun jeden Morgen zu Hause abfülle. Das ganze »to go«-Kaufen geht zu sehr ins Geld, zumal ich beschlossen habe, diese Produkte zu meiden, bis sie endlich in »to take« umbenannt werden, da mir mein Heißgetränk nicht vorzuschreiben hat, dass ich bei seinem Genuss unbedingt laufen soll.

Dorit steht schweigend vor der Tasse, ohne zu trinken. Stattdessen nestelt sie umständlich einen Prospekt von Athen aus der Tasche. Neben ihren schmalen Beinen steht ein kleiner schwarzer Rollkoffer von IKEA.

Sie seufzt, als der Prospekt der griechischen Hauptstadt endlich auf der Theke liegt, als hätte sie ein kiloschweres Gemüseschneidbrett aus Granitstein darauf gewuchtet.

»Eine Reise in die Stadt der Götter«, sagt sie. »Habe ich mir von den beiden gewünscht. Und heute ist es so weit. Wir treffen uns hier in Düsseldorf am Flughafen.«

»Die beiden« sind meine Ex und ihr neuer Mann. Sie tun alles für Dorit und arbeiten jeden Aufgabenzettel ab. Ich muss gestehen, ich war da früher etwas fauler. Außer es ging um Computer, die ja ohnehin mein privates Hobby sind.

»Toll, oder?«

Sie meint es so. Sie findet es wirklich toll, dass sie ein paar Tage Griechenland auch tatsächlich geschenkt bekommt, wenn sie sie sich wünscht, aber ein Außenstehender würde glauben, dass dieses »toll, oder?« ganz und gar ironisch gemeint sei. Dorit guckt schließlich grundsätzlich so, als würden ihr alle Menschen rund um die Uhr immer nur Unmögliches zumuten.

Ein Mann stellt sich hinter ihr an und schaut auf das Display seines Handys. Der erste Wartende.

Ich deute auf den noch heißen Kaffee in der Millowitsch-Tasse.

Dorit sagt: »Ach, du hast gar keine Milch da?«

Ich sage »doch, doch!«, drehe mich um, öffne den Schiebeschrank und suche nach den Kondensmilchdöschen, da fängt sie bereits an, zu schlürfen.

»Nee, ist okay, Andreas. Ich vertrag den nur nicht so gut schwarz. Früher habe ich immer schwarz getrunken. Da machte mir das nichts aus. Aber jetzt meldet sich mein Magen schon, wenn ich an Schwarz auch nur rieche.«

Sagt sie.

Und trinkt.

»Ne, Andreas, wirklich. Keiner soll mir sagen, dass Altwerden schön sei. Das ist das Allerletzte, das sag ich dir.«

Mit 25 Jahren bekam Dorit meine Ex als einziges Töchterchen. Die Kleine flutschte aus ihr heraus in das Leben eines vergnügungswilligen Rock- und Jazzfans, der seine Zeit in Clubs und Bars verbrachte oder sie gleich selbst als Gastronomin betrieb. Dorit war in strengsten und biedersten Nachkriegszeiten aufgewachsen und hatte sich darin geschworen, alles ganz anders zu machen. Als ihre Tochter fünf Jahre alt war, erklärte sie ihr häufig, dass sie vorhabe, nicht älter als 35 zu werden. Natürlich meinte sie das nicht wörtlich. Sie sagte es einfach nur so dahin, als Lebensmotto der 68er. Lebe wild. Sterbe jung. Die Kleine begann daraufhin, zu rechnen und sich Sorgen darüber zu machen, wie sie das alles regeln sollte, wenn ihre Mama stirbt und sie erst zehn Jahre alt ist. Was sie arbeiten würde, um sich und vor allem ihren Kater Padouar zu ernähren. Was man überhaupt arbeiten kann mit zehn. Wo sie wohnen würde. Einen Papa gab es schließlich nicht mehr. Der wurde von der Mama wie jeder andere Mann auch nach exakt drei Jahren entsorgt. Drei Jahre. Oder weniger. Dorit gehört zu den Menschen, die gerne andere verlassen, um nicht selbst verlassen zu werden. Was freilich nichts damit zu tun hat, dass ihr eigener Vater die Familie nach der Rückkehr aus dem Krieg sofort wieder hängen ließ, weil er nun »erst mal das Leben auskosten« müsse. Nein, nein, so einfach ist das nicht, sagt Dorit immer.

Zwei Wartende.

Dorit schlürft.

»Boah, ist der stark. Da werde ich im Flugzeug Sodbrennen kriegen.«

»Soll ich dir einen anderen spendieren? Vom Bäcker?«

»Nein, lass. Ich wollte auch nur kurz Hallo sagen. Habe noch Zeit für die Bahn zum Flughafen. Bin heute extra um 5 Uhr aufgestanden, damit ich das Aufstehen nicht verpasse. Um 5 Uhr! Kannst du dir so was vorstellen, Andreas?«

Sie meint damit nicht, ob *ich* mir das vorstellen kann, sondern ob ich mir das bei *ihr* vorstellen kann, dem extremsten Morgenmuffel aller Zeiten.

5 Uhr. Jetzt haben wir neun. Von Weidenpesch zum Kölner Hauptbahnhof mit der U-Bahn, dann der IC, der ICE oder der RE nach Düsseldorf, alle zwischen 20 und 30 Minuten. Ich sag mal so: 7 Uhr aufstehen hätte ganz locker gereicht. Aber Dorit gehört zu den Menschen, die gerne drei Stunden vor dem Aufstehen aufstehen, um verdammt noch mal nicht zu verschlafen. Man kann froh sein, dass sie nicht ständig von Halbstarken mit Messern bedroht wird. Sie würde wahrscheinlich sonst stets ein Messer bei sich tragen, um sich selber in die Flanke zu stechen, bevor ihre Gegner es tun können. Ihr Töchterlein verbrachte damals ganze Tage in der Stadtbibliothek, um sich über alles zu informieren, was man für das selbstständige Leben mit zehn Jahren ohne Familie wissen muss. Wie man ein Bankkonto

eröffnet. Wie man sich selbst verarztet. Wie man den Kater verarztet. Wie man im Wald überlebt.

Drei Wartende.

Ich blättere den Prospekt der griechischen Hauptstadt auf. Die wenigen Seiten sind dicht an dicht vollgeschrieben mit Notizen. Fakten und Hinweise zu Göttern, Philosophen und historischen Stätten. Dorit hat sich herausragend vorbereitet. Neben jeder Sehenswürdigkeit hat sie genau notiert, an welchem Tag und um welche Zeit sie zu besuchen ist. Ich sehe schon vor mir, wie sie den Prospekt in der Ferienwohnung gut sichtbar auf den Frühstückstisch legt und dann auf die Frage meiner Ex, wo sie denn heute hinwolle, mit dem Eierlöffel in der Hand antwortet: »Ist mir egal. Ich richte mich da ganz nach euch.«

Vier Wartende.

»Und womit fliegt man da so?«, frage ich.

»Ja, wie? Irgendwie Jumbo Jet, ich weiß nicht.«

»Nein, die Fluglinie. Die Marke.«

»Ach so. Ach Andreas, das kann ich mir doch alles nicht mehr merken. Jedenfalls nicht Lufthansa. Das wäre mir ja schon lieb gewesen. Die Lufthansa. Aber das war so ein Komplettangebot mit einer Woche und vier Sterne und Pool und hast du nicht gesehen. Richtig, richtig schön. Aber da fliegt man dann eben von Düsseldorf mit Ägi…, Argo…, Ämu…«.

Dorit kramt nach dem Namen. Sie kann sich vieles merken. *Wenn* sie will.

»Aegidian Airlines«, sage ich.

»Ja, irgendwie so. Das wird immer schlimmer mit der Birne bei mir, Andreas. Immer schlimmer. Neulich gucke ich so gegen 11 Uhr abends einen Krimi auf dem NDR und denke mir: Der kommt dir irgendwie bekannt vor. Ich die ganze Zeit am Überlegen. Dann merke ich: Den hatte ich um 20:15 Uhr schon mal gesehen. Auf der ARD. Da kannst du mal sehen, wie bekloppt ich bin!«

Dazu muss man sagen: Dorit guckt keine Krimis am Stück. Sie guckt überhaupt nichts am Stück. Ich kenne keinen Teenager, der so viel und so schnell zappt wie sie. Ihre Aufmerksamkeitsspanne lässt sich nur dann länger als drei Minuten aufrechterhalten, wenn sie als Gastgeberin die Leute bedient. Ansonsten wird ihr alles lästig und langweilig, worauf sie eben noch größte Lust hatte. Ich stelle mir vor, wie meine Ex und ihr Mann mit ihr rauf zum Parthenon steigen, eine Besichtigung, die Dorit für Dienstag eingeplant hat. Meine Ex und ihr Mann, beide studiert und kunsthistorisch wie literarisch geschult, stehen in Ehrfurcht vor dem alten Tempel, setzen sich auf eine Bank, wollen die Aura wirken lassen. Nach dreißig Sekunden steht Dorit neben ihnen, die sich zu Hause noch so viele Notizen zum Ort gemacht hat, mit einem Blick, der so viel sagt wie: Ich gönne euch sehr, was ihr aus den ganzen alten Steinen hier mitnehmen könnt. Sie hat den Fluchtfuß bereits Richtung Ausgang gedreht und zieht ganz beiläufig ihr Halstuch nach oben, um zu signalisieren, dass es auf dem Hügel der Götter doch ziemlich zieht. Zumal, wenn man so schmal, leicht und pergamentpapierhaft gebaut ist wie sie. Dann sagt sie: »Nur eine Frage eben. Wolltet ihr heute noch irgendwo was essen gehen?«

Fünf Wartende.

Einer räuspert sich.

Ein anderer atmet schwer aus.

Der Erste in der Schlange schaut von seinem Smartphone auf und sagt: »Was meinen Sie? Wie viele Mails kann ich noch beantworten, bevor es losgeht?«

Dorit greift in ihre Jackentasche und nestelt ein Papier heraus. Der Aufgabenzettel für heute. Sorgsam und in aller Ruhe streicht sie ihn auf meinem Tresen glatt. Im Hintermann keimt leise Hoffnung auf, dass es nun endlich um die Bahnverbindung geht und es somit gleich erledigt ist. Er tippt seine nächste Mail.

»Andreas«, sagt Dorit. »Ich kann nicht mehr drucken.«

Einen Moment lang bin selbst ich perplex aufgrund des abrupten Themenwechsels.

»Wie?«

»Hier«, sagt sie und dreht den Aufgabenzettel um, dessen Rückseite mit kleiner Schrift fast nahtlos verfüllt ist. Sie tippt auf die Notizen und zischt kurz, als hätte sie Schmerzen in der Seite. Wartet mit geschlossenen Augen eine Weile ab. Schluckt schwer. Spricht weiter: »Das steht da, wenn ich zu Hause gerade etwas drucken will.«

Sechs Wartende.

Im Prinzip sind diese Aufgabenzettel jetzt etwas für meine Ex und ihren Mann, aber was Computer angeht, werde ich aufgrund meines Hobbys ein Leben lang zuständig bleiben.

»Dorit«, sage ich und hebe dezent den Blick zu den Wartenden hinter ihr, doch sie versteht die Andeutung auf meine reguläre Kundschaft entweder nicht oder übersieht sie geflissentlich. Gut, dann schnell machen. Ich schaue auf den Zettel. Dorit hat notiert: Anzeige *Druckerfehler, Gerät aus- und wieder anschalten.* Ausgemacht. Angemacht. Dann steht da: *Alle nicht gedruckten Faxe werden gelöscht.*

Sie sagt: »Andreas, ganz ehrlich. Ich faxe nicht.«

Ich verstehe das Problem sofort. Computerprobleme machen den meisten Menschen Angst, da sie ihnen das Gefühl absoluter Machtlosigkeit vermitteln. Mir machen sie aus umgekehrtem Grund größte Freude. Was könnte klarer sein in seiner Struktur, plausibler in seinen Lösungswegen, logischer, beeinflussbarer? Außer, man muss bei einer Hotline des Herstellers anrufen. Aber selbst da geht es, wenn die merken, dass sich ein Fachmann meldet. Dann stellen sie einen durch, raus aus dem Call Center für die normalen Kunden und rein in den kleinen Geheimraum, wo die zwei einzigen echten Experten sitzen, die nur mit Gleichgesinnten reden, die schon sehr weit gekommen sind. Dorit wird versucht haben, ein PDF auszudrucken und das Gerät dachte, es wäre ein Fax.

»Was wolltest du denn drucken?«, frage ich.

»Für den Urlaub, so einen Plan von Athen.«

»Also ein PDF?«

»Was für ein Ding? Andreas! Ich hab doch keine Ahnung.«

Der dritte Wartende sagt: »Nein, das glaube ich jetzt nicht, oder? Machen Sie da vorne IT-Beratung?« Er zeigt zitternd auf den Schriftzug über mir. »Deutsche Bahn! Nicht Atelco oder Bense Systemhaus!«

Alle grummeln.

Dorit dreht sich um, hebt die Hand und sagt mit halb gesenkten Augenlidern: »Keine Sorge, wir haben ja noch Zeit.«

Der Mann wird rot: »Ja, *Sie* haben noch Zeit, gute Frau, aber *wir* doch nicht.«

Dorit schaut wieder auf den Zettel.

Der Mann schüttelt den Kopf, schaut auf die Uhr und geht.

Fünf Wartende.

Die letzten beiden in der Schlange beginnen, sich über das Geschehen zu unterhalten und begreifen erst jetzt, was hier vorne los ist. Alte Dame. Zettel. Fragen nach Fehlfunktionen beim heimischen Drucker.

Ich sage: »Normal reicht Stecker ziehen, zwei Minuten warten, Powertaste gedrückt halten, alles wieder einstecken.«

Den Computer hatte sich Dorit damals ebenso gewünscht wie heute den Trip nach Athen. Alle aus ihrem Freundeskreis hatten mittlerweile elektronische Post, besonders Ray, ein ehemaliger Schlagersänger, der täglich obskure Schlagzeilen oder Videos verlinkt und häufig Bilder von Partys versendet, die Dorit dann ausdruckt. So es denn klappt. Außerdem liebt sie *Mah-Jongg*.

»Andreas, wenn du sagst, *normal* klappt das, sehe ich doch schon, dass es komplizierter wird.«

»Wahrscheinlich«, sage ich und denke an die zweite Lösung. Sie ist zum Nachmachen für Dorit allerdings nicht vermittelbar. Trotzdem knipst meine Ex-Schwiegermutter einen Kugelschreiber auf, zieht einen leeren Zettel aus ihrer Handtasche und legt den linken Ellbogen auf. »Dann sag mal...«

Die letzten beiden in der Schlange sehen ein, dass es tatsächlich wahr ist und bekräftigen sich gegenseitig im Gehen.

Drei Wartende.

»Dorit, das kann ich dir jetzt nicht...«

»Doch, sag!«

Also gut. Sag ich es. Sie wird schon sehen.

»Du musst den Druckertreiber deinstallieren, dann im BIOS den Drucker-Port auf Normal oder EPP stellen und schließlich den Treiber wieder neu auf den Rechner schmieren.«

Sie hält inne, den Kugelschreiber nur aufs Blatt aufgesetzt, und schaut hoch. Sieht mich an, als sei ich völlig wahnsinnig.

Der Mann hinter ihr beschließt eine Mail auf seinem Smartphone mit einem letzten kraftvollen Stoß des Daumens und sagt: »So! Alle Post beantwortet! Auf Wiedersehen!«

Zwei Wartende.

Einer ruft: »Ich will nur eben wissen nach Büderich, in Meerbusch.«

Ich will gerade dazu ansetzen, über Dorits Kopf hinweg »die U 74« zu antworten, da hebt sie schon wieder die Hand mit dem Kugelschreiber zwischen den Fingern und sagt: »Es bleibt noch Zeit. Der Flug geht erst in drei Stunden.«

Der Kunde schüttelt den Kopf und stapft schnaufend davon.

Ein Wartender.

Er schaut sich um wie eine Figur in einem Western, die als Letzte auf dem freien Platz zwischen Saloon und Sheriffbüro stehen geblieben ist und sich nackt und wehrlos dem Schicksal ausgeliefert fühlt. Sein Auge zuckt. Auf der Suche nach einer geeigneten Übersprunghandlung wird er fündig. Er tut so, als sei ihm gerade eben eingefallen, dass er noch in den Buchladen hinter sich wollte, dreht sich um und zieht los, um eine Zeitung zu kaufen, die er gar nicht braucht.

Kein Wartender mehr.

Dorit faltet ihren Zettel zusammen und sagt: »Das muss dann wohl der Oliver machen, wenn wir aus dem Urlaub zurückkommen. Der Sylvia mute ich das nicht mehr zu mit meinem Computer. Die kann ja in der Zeit mal gucken, was da im Schlafzimmer mit der Gardine los ist.«

Ich seufze.

Dorit zischt wieder und greift sich in die Seite: »Sie stechen mich.«

»Wer?«, frage ich.

»Ach Andreas«, sagt sie. »Vier Stunden nach Athen. Ich hoffe, die Sitze sind gut gemacht da in der Ägi..., Argo..., Ämu...«

»Aegidian Airlines«, sage ich.

»Ja. Ich hatte schon überlegt, mit dem Zug zu fahren, da kann ich wenigstens zwischendurch aufstehen und laufen.«

»Könntest du machen«, sage ich. »Dauert aber dann auch nur 31 Stunden länger. Falls beim Umsteigen in Zagreb und Belgrad alles glattgeht. Übermorgen wärst du dann in Thessaloniki. Von da nach Athen im Inland müsste ich nachschlagen. Der Grieche an sich streikt aber auch gern.«

Dorit hebt ihre dünnen Brauen und senkt dabei leicht den Kopf. Ihr Zeichen für: Verarschen kann ich mich selber. Sie faltet sämtliche Zettel zusammen, steckt sie in den Prospekt von Athen, klappt es zu, verstaut alles in ihrer Handtasche, dreht sich um und sagt: »Es ist aber auch wirklich nichts los, oder? Wofür sitzt du eigentlich hier?«

Ich trinke meinen letzten Schluck aus der Millowitsch-Tasse, schüttle den Schnee in Annikas Kugel auf und sage: »Ich wünsche dir einen wunderschönen Urlaub. Und grüß die beiden Süßen von mir.«

»Mach ich«, sagt sie.

Aus der Ferne nähert sich Frau Schmitz auf ihrem Weg nach Garath.

Der Radschläger

🚂 Der kleine Prinz steht vor mir und schaut mit angehobenem Kopf auf meinen Brustkorb. Es ist 13 Uhr, die Frühschicht neigt sich dem Ende entgegen, und der Bahnhof wimmelt nicht nur von Fahrgästen, sondern auch von Menschen, die hierherkommen, um Mittag zu machen. Ein wunderbares Brummeln und Grummeln, Kramen und Kauen. Junge Männer balancieren große Burger vor ihrem Mund herum, weil sie es nicht schaffen, die Zwiebeln und Gurken zu kontrollieren. Verzweifelte Mütter zerren ganze Rudel auf kleinen Rädern und kurzen Beinen hinter sich her. Tauben laufen Slalom um die Füße.

Der kleine Prinz hebt seine Hand und zeigt auf einen winzigen Pin, einen Anstecker von vielleicht einem Zentimeter Größe, den ich mir ans Revers meiner einigermaßen aufgeräumten Unternehmensbekleidung gesteckt habe. Der Pin ist goldfarben und zeigt den Radschläger aus Düsseldorf. Ein Wahrzeichen unserer geliebten Stadt. Die Entsprechung zum Dom in Köln oder zum Holstentor in Lübeck.
»Das machen Sie bitte ab.«
Ich schaue meinen Chef an, als hätte ich mich verhört.
»Wie bitte? Den Radschläger? *Unseren* Radschläger?«
»Ja.«

»Sie wissen, dass das ein Düsseldorfer Symbol ist? Gucken Sie ...«, ich mache eine Geste, als wische ich mit meiner riesigen Hand über die gesamte Theke, auf der heute kein Geißbock, kein BAP und kein Willy Millowitsch zu sehen sind, »ich habe heute sogar alle meine Tassen im Schrank! Und Sie wollen, dass ich den Düsseldorfer Radschläger abmache?«

»Ja, ich befehle Ihnen das.«

Da steht er und befiehlt, der kleine Prinz.

Annika bekommt es kaum mit. Sie erklärt gerade einer Kundin, wie sie von hier nach Isny im Allgäu kommt. Nur so viel: Es dauert knapp sieben Stunden und ist in der Art seiner Umstiege für die Frau in keiner Weise akzeptabel.

»Sie können mir das nicht befehlen«, kläre ich meinen Chef auf.

Der kleine Prinz sagt: »Oh doch, ich kann Ihnen sehr wohl was befehlen. Das ergibt sich aus Ihrem Arbeitsvertrag.«

Ich schüttele so lächelnd wie nachsichtig den Kopf: »Nein, ich meine, Sie können mir das nicht *befehlen*. Befehlen kann man nur beim Militär. Aber selbstverständlich können Sie mir eine Weisung geben. Am saubersten in Schriftform.«

Der kleine Prinz wallt auf: »Für den Betriebsrat, ja? Wie beim Kaffee?«

»Nein«, antworte ich gelassen. »Für den Herrn Oberbürgermeister.«

Die Kundin von Annika wiederholt, was Annika ihr gerade erklärt hat, und zwar in diesem Tonfall, in dem Wiederholungen sich wie Vorwürfe anhören. »Sie sagen, ich soll nach Mannheim?«

»Ja.«

»Und dann nach Ulm?«
»Ja.«
»Erst nach Mannheim und dann nach Ulm?«
»Ja.«
»Warum nicht direkt nach Ulm?«
»Es gibt keine Direktverbindung von hier nach Ulm.«
»Warum nicht?«

Der kleine Prinz lässt sich ebenso wie ich einen Augenblick von der Diskussion ablenken, hat aber nicht vergessen, was ich gerade gesagt habe. Dass ich eine Kopie seiner Weisung an den Bürgermeister weiterleiten würde. Er kennt den Bürgermeister persönlich, trifft ihn in Ratssitzungen und Meetings, in Anhörungen. Der Bürgermeister ist ein sehr patriotischer Mann. Hätte das Atomkraftwerk von Fukushima hier bei uns in Lörick oder Niederkassel gestanden, hätte er kurz nach der Katastrophe vor laufender Kamera den Schädel in den Rhein gesteckt, das verseuchte Wasser gesoffen und lächelnd den Daumen gehoben. Der kleine Prinz kann sich denken, wie dieser Mann reagieren würde, wenn er zu hören bekäme, dass den Mitarbeitern am Service Point, quasi dem Tor zur Stadt, die offene Zurschaustellung von Lokalpatriotismus verboten wird.

»Sie würden das weiterleiten?«, fragt der kleine Prinz ungläubig.

»Ja«, sage ich. »Solange auf dem Brief nicht draufsteht *Nicht für Dritte*. Oder *persönlich*. Denn die Angestellten im Büro des Bürgermeisters sollen es ja auch mitkriegen. Ich würde die dann fragen, ob sie, wenn sie gerne mit der Bahn fahren und einen ganz kleinen DB-Anhänger an ihren Jacken stecken haben, mit ihrem Chef auch so viel Ärger bekommen.«

»Ja, wie?«

Ich beuge mich über die Theke, schaue runter zu meinem winzigen Chef, tippe auf den Radschläger und sage: »Es ist jetzt nicht extrem kontrovers. Es ist kein Wappen des 1. FC Köln, kein Parteisymbol und keine Werbung für den Flugverkehr, unsere freundliche Alternative. Nur der Düsseldorfer Radschläger.«

Der Chef schaut mich an. Leise strömt Luft durch seine Mundwinkel.

Annikas Kundin sagt: »Nehmen wir mal an, ich lasse mich darauf ein, was Sie mir hier erzählen. Dann fahre ich von Ulm weiter nach Ravensburg.«

»Ja.«

»Wo die Spiele gemacht werden?«

»Genau.«

»Und dann bin ich immer noch nicht da?«

»Nein. Dann kommt eben noch der Bus 7542.«

Die Kundin drückt ihren Fingernagel auf den Ausdruck und versucht, etwas vom Papier zu kratzen: »Hier klebt irgendwie ein schwarzer Krümel.«

Annika guckt: »Da klebt nix.«

»Dann spinnt Ihr Drucker.«

»Wieso?«

»Weil hier steht, der Bus von Ravensburg nach Isny fährt fast eineinhalb Stunden.«

»Das stimmt.«

Die Kundin stößt sich ein Stück von der Theke ab: »Ich glaube, es hackt. Sie können sie doch nicht alle haben.«

Mein Chef überlegt gerade, ob er dazwischengehen soll, ist aber noch zu sehr mit der Ablehnung seiner Weisung beschäftigt. Multitasking ist nicht seine Sache. Pokerface auch nicht. Ich kann in seinen Augen lesen, dass er gerade angestrengt darüber nachdenkt, ob es sich lohnen würde, in dieser Sache tatsächlich ein Schreiben aufzusetzen.

Annikas Kundin lehnt sich kopfschüttelnd zurück an die Theke, beide Hände über den Rand gelegt wie ein Kind an der Reling eines Schiffes.

»Gut. Mit dem Bus, das geht wohl nicht anders. Aber wie kann ich Mannheim vermeiden?«

Ich schmunzele in mich hinein. Neulich Köln, jetzt Mannheim. Eine neue Knobelaufgabe für die kommenden Wochen.

Der kleine Prinz scheint fertig mit Denken und Abwägen.

Ein kurzer Schnaufer.

Dann sagt er: »Gut. Dann lassen Sie das Ding eben dran!«

Gesagt, getan. Er dreht sich um und stapft davon.

Annika fragt: »Hätten Sie die Geduld, erst von hier nach Nürnberg zu fahren und dann von dort über Augsburg nach Ulm?«

Die Kundin faltet in ihrem Inneren die Deutschlandkarte auf.

Ich sage: »Kommst du klar?«

Annika lächelt.

Klar kommt Annika klar.

Ich nehme meine dicke Geldbörse, schlendere auf den Vorplatz und zünde mir erst mal eine Zigarette an. Rauchen entschleunigt. Es verlangsamt die Dinge. Kaum nehme ich den ersten Zug, ist es, als hätte jemand den Film auf halbes Tempo geschaltet. Kaufleute mit Aktenkoffer gleiten, anstatt zu hasten. Junge Männer gestikulieren nicht mehr, als würden sie sich beschimpfen, sondern als sendeten sie sich lediglich freundliche südländische Grüße. Tauben stieben nicht auf... sie heben majestätisch vom Boden ab. Ahhhhhh, herrlich. Wahrscheinlich hat vor Tausenden von Jahren ein Schamane einen Zeitzauber in die Tabakpflanze gepackt. Die Nichtraucher können das nicht verstehen. Es gibt natürlich Nette unter ihnen, die ebenfalls wissen, dass wir nicht in dieses Leben geworfen wurden, um die ganze Zeit hektisch wie die Ameisen durch die Gegend zu eilen und uns zu fragen, unter welchem Zweig die nächste Arbeit lauert. So wie Annika. Aber die, die den Tabak am liebsten ganz verbieten würden, freuen sich vor allem darüber, die Taugenichtse wieder auf Trab zu bringen. Viel mehr als die Luftverpestung hassen diese fleißigen Bienchen nämlich die Freiheit der Raucherpause.

Gegenüber, auf der anderen Seite des Vorplatzes, liegt der Verkehrsverein. Ich nehme die letzten Züge einen Hauch schneller. Die Szenerie rutscht in den üblichen Lärm und das gewohnte Tempo zurück.

So, denke ich mir, dann wollen wir mal, überquere den Platz und betrete das Ladenlokal der Touristenzentrale.

»Guten Tag? Womit kann ich Ihnen helfen?«

Die junge Frau hinter dem Tresen hier hat es wärmer und ruhiger als wir. Leise lispelt das Radio im Hintergrund. Im Kartenständer warten malerische Stadtansichten. Ich erzähle der jungen Frau, wo ich arbeite und dass ich jeden Tag ein paar Dutzend Besucher zu ihr ins Touristenbüro schicke, indem ich so tue, als würde ich die Stadt nicht in- und auswendig kennen. Das können Ihnen die netten Damen vom Verkehrsverein sicher viel besser beantworten, sage ich dann angeblich und zeige über den Tresen zum Eingang: Sehen Sie? Es ist nur einmal quer über den Platz.

Die junge Frau lächelt. An ihrem Revers steckt kein Radschläger, sondern ein Namensschild. Frau Theisen. Mein Pin ist ihr natürlich trotzdem bestens vertraut.

»Wissen Sie, Frau Theisen«, sage ich, »ich habe da drüben

immer noch jede Menge Kollegen, die sich nicht voll und ganz mit der Stadt identifizieren können, obwohl sie hier schon seit zwanzig Jahren arbeiten. Die kommen aus Viersen, aus Wuppertal. Sogar aus Köln.«

Frau Theisen sieht mich mit gespieltem Entsetzen an.

»Was können wir denn da tun?«, fragt sie.

An einem Schreibtisch im Hintergrund sitzt ihr Chef und tut so, als würde er auf dem Rechner Geschäftspost bearbeiten. In Wirklichkeit belauscht er das Gespräch und spielt *Angry Birds*. Das kann ich an den Bewegungen seiner Augen erkennen. Ich sollte unbedingt zu *Wetten, dass..?* gehen. In der Nachtschicht erkenne ich an der Wortwahl der Bedröhnten, welche Drogen sie genommen haben, und in Büros identifiziere ich die Computerspiele am Zucken der Augen.

Ich lege den Kopf schief, deute mit dem Kinn auf den Radschläger an meinem Revers und sage: »Nun ja. So etwa fünfzehn Stück wären schon hilfreich... was würde das kosten?«

Frau Theisen dreht sich kurz nach hinten zu ihrem Chef und der antwortet, noch bevor sie sich vollständig umgedreht hat: »Nichts!«

Schön, dass man sich in Düsseldorf auf die Lokalpatrioten verlassen kann.

Als ich zum Tresen zurückkehre und Annika als erster Kollegin feierlich ihren Radschläger überreiche, ist ihre Kundin zwar verschwunden, die Herausforderung aber noch nicht. Konzentriert hockt sie vor dem Rechner, eine Menge Testdrucke neben sich, und murmelt: »Über Luxemburg ginge es auch...«

SPÄTSCHICHT

Unter der Donnerkuppel

🚂 Unfassbar, das Wetter da draußen. Der Sturm pfeift die Regenschnüre in die Waagerechte wie einen Perlenschnurvorhang, der geradewegs aus der offenen Wohnwagentür weht. Der zuständige Malermeister des Himmels hat einen Rieseneimer Depressionsgrau in den Äther geschüttet. Menschen hasten mit hochgeschlagenem Kragen auf den Eingang zu wie Neandertaler auf den rettenden Höhleneingang, und jeder, der einen Schirm öffnet, steht einen Moment später mit nach oben gebogenem Gerippe da. Wir haben die Heizung angeworfen, die nicht viel hilft, obwohl es ein gutes Gerät ist. Da muss man sich bei uns schließlich entscheiden: entweder ein attraktiver Stand oder eine solide Technik. In den Neunzigern ließ sich die Bahn einmal anstecken vom futuristischen Zeitgeist dieser seltsamen Epoche, in der alle glaubten, es ginge nur noch bergauf. New Economy, Börsenboom, Investitionslust. Unser Unternehmen wollte da nicht hinten anstehen und ließ einen neuen Service Point aufstellen, von einer Messebaufirma. Optisch ein ganz tolles Teil. Natürlich fiel es nach drei Wochen von alleine auseinander. Messebaufirmen sind es nicht gewohnt, für die Ewigkeit zu bauen. Im Grunde hatte der Stand im Vergleich zu einer dreitägigen Messe bereits erstaunlich lange gehalten. Nun ist unser Stand wieder so langweilig wie grundsolide und die Heizung ein richtiger Brocken mit einer Leistungsaufnahme von 18 KW. In einem geschlossenen Raum könnte man darauf Eier braten, während im Rest der Wohnung nackte Menschen saunen. Hier, in der Düsseldorfer Vorhölle, pardon, Vorhalle ist die Decke allerdings derart hoch und die Luftzirkulation so offen, dass die Wärme vor unseren Augen kichernd nach oben steigt und in vierzig Metern Höhe das Dach erhitzt. Aber was soll man sagen? In Hamburg hat man den Service Point auf die Gleisbrücke gestellt. Dagegen leben wir in den Tropen.

Das Grüppchen betagter Damen, das sich vor dem Tresen versammelt hat, lässt sich vom Unwetter nicht stören. Plappernd und lachend schütteln sie ihre weißen Haare aus, nehmen die durchsichtigen Kappen vom Kopf oder schließen die Schirme, die den Angriff des Monsuns überlebt haben. Zwei der Rentnerinnen scheinen so etwas wie die Häuptlinge zu sein. Sie treten aus der Gruppe hervor und lächeln mich entwaffnend an. Eine Kleine mit roter, runder Filzmütze und eine Große mit weißer Dauerwelle.

»Hallo. Wir wollen mal eben in die Eifel fahren. Zu Heino.«

Aha.

Annika schmunzelt und verteilt gerade Stempel. Ein IC ist wegen Baumsturz ausgefallen, und jeder, der ein Sparpreisticket mit konkreter Zugbindung gekauft hat, bekommt nun bei ihr die Erlaubnis, auch andere Verbindungen zu benutzen.

»Wie, zu Heino?«, frage ich meine Damen.

»Na, in sein Café!«, sagt die rote Filzmütze und schüttelt lächelnd den Kopf, als füge sie ein unausgesprochenes

›du Dummerchen!‹ hinzu. »Wissen Sie denn nicht, dass er eigentlich Konditor ist? Hat seine Lehre hier in Düsseldorf gemacht! Das müssen Sie doch wissen, dass das ein Düsseldorfer ist! Sie haben doch einen Radschläger an der Jacke!«

»Wo ist denn Heinos Café?«, frage ich.

Die Dauerwelle sagt: »In Bad Münstereifel.«

Ich tippe ein.

Kürzeste Verbindung: eine Stunde und achtundvierzig Minuten.

»Wie lange hat Heino denn offen?«, frage ich. Schließlich haben wir schon nach zwei.

»Bis 18 Uhr!«, sagt die Dauerwelle.

»Der Zug geht in einer halben Stunde, aber dann sind Sie alles in allem erst um halb fünf da«, warne ich.

»Ach!«, winkt der rote Filzhut ab, »wenn wir erst einmal im Café sitzen, machen die schon nicht zu. Die halten wir auf Trab, oder?« Sie dreht sich nach hinten, und das ganze Clübchen beginnt zu gackern.

Annika hat ihre Ausnahmegenehmigungen zu Ende gestempelt und schaut nun in die Augen zweier zwölfjähriger Jungs, denen das regennasse Haar platt auf der Stirn klebt. Der eine trägt ein T-Shirt mit Aufdruck von Darth Vader, auf der Brust des anderen zieht Bart Simpson gerade seine Hose herunter und entblößt seinen gelben Hintern. Sie fragen, wo sie heute noch schnell einen Flohmarkt finden.

»Das geht über Köln und Euskirchen«, erkläre ich meinen Damen, »aber nur mit jeweils sechs bis acht Minuten Umsteigezeit. Bei dem Sauwetter kommt jeder Zug im Schnitt fünf Minuten später. Dann sind es nur noch ein bis drei Minuten Umsteigezeit.«

»Macht nix!«, sagen Filzhut und Dauerwelle wie aus einem Mund. »Schaffen wir!«

Ich atme skeptisch tief ein.

Annika sagt: »Trödelmarkt? Bei dem Wetter?«

Die Jungs nicken.

»Aber die sind doch alle schon fast vorbei.«

»Macht nix!«, sagen die Jungs. »Schaffen wir!«

Draußen beginnt es zu donnern.

Egal, ob zwölf oder zweiundsiebzig – der Mensch will, was er will und kümmert sich wenig um Fakten.

Annika schaltet den Bildschirm um und öffnet Google, was der kleine Prinz auch gerne per Weisung verbieten würde. Sie macht sich gar nicht erst die Mühe, zu erklären, dass wir eigentlich nur für Bahnfragen zuständig sind.

»Ach, der Heinz Georg«, säuselt der rote Filzhut und faltet die Hände vor der Brust.

»Wer?«, frage ich.

»Na, Heino!«

»Ach so.«

Der Junge mit Bart Simpsons Hintern hüpft auf und ab und sagt: »Am besten ein Flohmarkt in Münster!«

Die Dauerwelle erklärt: »Der wohnt sogar da. Im Kurhaus, wo das Café ist. Da wohnt er auch, sagt man.«

Auch das noch. Ich beginne, Fahrpläne nach Bad Münstereifel zu erstellen. Bevor ich auf Ausdrucken klicke, frage ich: »Ist Heino denn da?«

Die Damen schauen mich verwirrt an.

»Wie, ist Heino da?«

»Ja, in seinem Café. Ganz konkret heute Nachmittag.«

Lachen. Abwinken. Iwo, iwo. Der lustige Bahnbeamte.

»Der ist doch nicht einfach so immer da.«

Ich bleibe so ernst, wie ich nur kann. Möchte schließlich nicht, dass die Damen spätestens auf dem Rückweg aufgrund der Wetterlage und ausfallender Züge irgendwo auf halber Strecke liegen bleiben. Womöglich kann ich sie dazu bringen, ein andermal zu fahren. Vielleicht so morgens, ab 9 Uhr? Bei Sonnenschein?

»Es gibt da ein Ehepaar aus Grafenrheinfeld«, sage ich. »Das liegt bei Schweinfurt. Die Frau strickt für jedes Tor, das ein Spieler des örtlichen Kreisklassevereins schießt, ein Paar Socken. Der Mann malt die Linien aufs Feld und repariert Sitzbänke in der Kabine.«

Die Damen sind durcheinander, hören aber aufmerksam zu. Worauf will der große Mann hinaus?

Annika sagt: »Münster. Trödelmarkt am Finke Möbelhaus. Bis 18 Uhr. Realistisch seid ihr aber erst um halb fünf da.«

Die Jungs nicken. Ein Blitz zuckt über den Vorplatz. Am Haupteingang kreischen Menschen.

Annika sagt: »Ich bezweifle, dass da noch jemand ist, auf dem Flohmarkt.«

»Machen!«, sagen die Jungs.

Annika überlegt, wie sie den beiden Hänflingen ausreden kann, knapp zwei Stunden lang nach Münster zu gurken, um dort bei Gewitter über den Parkplatz eines Möbelhauses zu laufen, auf dem sämtliche Trödler längst Reißaus genommen haben.

Ich erzähle den Damen meine Geschichte weiter, um sie ihrerseits vor sich selbst zu retten: »Große Fußballfans also, dieses Ehepaar. Und dann sind sie eines Tages im Urlaub in Kitzbühel ...«

Die Dauerwelle hebt die Hand: »Da hat der Heino seine Hannelore kennengelernt! In Kitzbühel! Bei der Miss-Austria-Wahl!«

Alle nicken.

»Öhm, ja«, fahre ich fort, »das Paar jedenfalls klingelt in

Kitzbühel einfach so beim Franz Beckenbauer an der Haustür.«

Die Damen schlagen die Hände vor den Mund.

»Nein!«

»Privat?«

»Einfach so?«

»Beim deutschen Kaiser!?«

»Ja«, sage ich, »und jetzt raten Sie, was der macht?«

Die Damen tuscheln und spekulieren.

»Ruft die Polizei!«

»Lässt die Hunde los!«

»Sagt, er kauft keine Socken an der Tür!«

Ich lehne mich zurück, verschränke die Arme, grinse meinen Schorsch und genieße die Pointe: »Geht zwei Stunden mit den Leuten in den Kitzbüheler Bergen spazieren.«

»Nein!«

»Was?«

»Ehrlich?«

Ich nicke.

»Das war aber richtig Glück«, sage ich und erfinde eine Statistik dazu, die nicht in dem Artikel über das Fußballsockenpaar stand, den ich zufällig dieser Tage von Uwe erzählt bekam, als er nach Feierabend aus der Zentrale vom Mikrofon kam. »Denn der Franz, der hat dem Paar erzählt, von 365 Tagen im Jahr sei er im Grunde nur 20 Tage zu Hause.«

»Nur zwanzig?«

»Habt ihr gehört?«

»Zwanzig.«

»Der arme Mann.«

Annika sagt: »Jungs. Was sagen denn eure Eltern dazu?«

Ich sage: »Denken Sie wirklich, dass Heino weniger zu tun hat als der deutsche Kaiser?«

Die Damen beraten sich.

Durch die Halle schiebt ein Mann in Latzhose tropfend und triefend einen Einkaufswagen voller Autoreifen Richtung Service Point.

Bart Simpson sagt: »Papa ist beim Fußball, und Mama sagt, wir sollen rausgehen und spielen. Weil der Stefan da ist.«

»Wer ist denn der Stefan?«, fragt Annika.

»Na ja, mit dem spielt Mama immer, wenn Papa samstags beim Fußball ist«, sagt Bart Simpson. »Karten und so. Aber dann wollen die allein sein.«

Annika legt die Hand an die Schläfe.

Der Mann mit dem Einkaufswagen ist angekommen und fragt sich, welche Schlange wohl schneller geht: kleine Jungs oder alte Damen.

»Können Sie denn da mal anrufen, ob der Heino heute da ist?«

Ich lege die Hand an die Schläfe.

Der Reifenmann sagt: »Es wäre eilig!«

Der rote Filzhut schaut mich an wie ein siebenjähriges Mädchen, das bei Papa auf dem Schoß sitzt. Ich kratze mich hinterm Ohr.

»Sie sind doch so ein netter Mann!«, sagt die kleine Rentnerin, die Heino treffen möchte.

Ich seufze.

»Wie heißt Heino noch gleich mit ganzem Namen?«, frage ich die Damen. Ich ernte einen Chor: »Heinz Georg Kramm!«

»Hey!«, raunzt der Reifenmann.

Ich öffne Google, stelle mir vor, wie der kleine Prinz heimlich einen Überwachungstrojaner hat installieren lassen und gerade in seinem Büro sitzt, um unseren Service zu beobachten, suche die Seite mit Heinos Café und rufe in Bad Münstereifel an. Während es tutet, überlege ich mir schnell eine Strategie. Ah ja. Gut, dass ich in den Pausen gerne mal rüber zu *Presse + Buch* gehe und absichtlich genau *die* Zeitschriften in die Hand nehme, die ich privat niemals lesen würde.

»Ja, Schorsch hier«, lasse ich meinen ganzen Bass spielen, als jemand rangeht, »Andreas Schorsch, der Redakteur von *Meine Melodie*.«

Das ist ein, hüstel, »Fachblatt« für Volksmusik und Schlager.

»Ich wollte nur noch mal kurz nachhaken wegen des Interviewtermins mit dem Herrn Kramm am kommenden Samstag bei Ihnen im Café... ja... ja, genau. Ja, nein, Sie müssen als Gastronom ja auch nicht jeden Termin kennen. Sie sind ja nicht das Management. Es ging mir nur um... ja... nein... ja, wegen des Parkens auch... aber Herr Kramm ist auf jeden Fall im Hause, ja? Nicht? Welcher Kollege? Ach, *heute* hat Herr Kramm auch Pressetermine?«

Die Damen spitzen die Ohren. Das Rotmützchen quiekt wie ein Teenager.

Annika sagt: »In Düsseldorf wäre ebenfalls ein Trödelmarkt. Am Aachener Platz. Dann habt ihr mehr Zeit zum Stöbern.«

Der Reifenmann sagt: »Hallo? Es gibt auch noch Leute, die was mit der Bahn wissen wollen?« Er wedelt mit irgendeinem Ausweis.

Ich sage: »Ja, ja, dann ist das bestimmt der Kollege vom *Goldenen Blatt*.«

Die Damen kriegen sich gar nicht mehr ein. Heino sitzt im Café. Jetzt. So war das nicht gedacht.

»Gut, ich... das hilft mir schon. Ja, danke. Wiederhören.«

Ich lege auf.

Die Dauerwelle hat ihre Geldbörse gezückt: »Helfen Sie uns bitte eben? Am Automaten? Gruppenticket?«

Ich seufze. Das kann ich ihnen jetzt nicht mehr ausreden. Da sind alle Mädels gleich. Vor ein paar Monaten war Justin Bieber im Breidenbacher Hof gewesen. Noch nie hatten so viele Teenies nach der U-Bahn Richtung Kö gefragt. Ich klicke endgültig auf Ausdrucken, drücke dem Filzhütchen die Papiere in die Hand und sage zu ihrer Freundin: »Na gut. Mitkommen.« Die lange Dauerwelle folgt mir zum Automaten, und ich ziehe ein Wochenendticket. Als ich zum Tresen zurückkehre, steht der Mann mit dem Einkaufswagen so nahe davor, als hätte er Angst, ein Mensch aus Papier könne sich anderenfalls noch vordrängeln. Die Damen bedanken sich überschwänglich und tänzeln derweil vor Aufregung glucksend Richtung Gleis 16.

»So«, sagt der Reifenmann, ein grober und zugleich zierlicher Typ, zerbrechlich von Statur, aber spröde von Haut und Haar. »Das wurde aber auch Zeit. Ich bin schwerbeschädigt.«

Ich verkneife mir eine der vielen schönen Antworten, die sich innerlich vor mir öffnen wie ein bunter Kranz.

»Muss nach Passau. Habe die vier Reifen auf eBay verkauft. Dem Käufer ist der Versand zu teuer, also dachte ich mir, bring ich sie mal eben persönlich vorbei.«

Mal eben.

Nach Passau.

Aber gut, er hat ja Zeit. Ein riesengroßes »G« prangt auf seinem Ausweis, den er mir nun auf den Tresen gelegt hat. Heißt: Beine kaputt. Arbeitsunfähig. Oder, wie man heute politisch korrekt sagt: In der Mobilität eingeschränkt. Unmöglich für den Mann, irgendwo noch zu arbeiten, da es in Deutschland keine sitzenden Berufe mehr gibt. Dann lieber mit Autoteilen auf eBay handeln.

Ein neuer Donner erschüttert den Vorplatz. Es würde mich wundern, wenn der Fernsehturm noch steht.

Ich beginne, den Plan auszuarbeiten. Von Düsseldorf nach Passau an einem Samstagnachmittag. Annikas Jungs haben sich mittlerweile überreden lassen, statt mit dem ICE und dem IC nach Münster lediglich mit der Straßenbahn zum Aachener Platz zu fahren. Damit steht es eins zu null für Annika. Da werde ich es ja wohl auch noch schaffen, heute jemandem seine Reise auszutreiben.

»Ich gehe davon aus, es soll gratis sein?«, frage ich, da es sich kaum rechnet, den Aufpreis für ICE und IC zu zahlen, um vier verkaufte Reifen vorbeizubringen. Gratis wäre für den Mann nur der Nahverkehr. Das wären dann elf Stunden über Hagen, Siegen, Friedberg, Hanau, Würzburg, Nürnberg, Regensburg und Plattling.

»Nein, nein, schnellste Verbindung.«

Ich runzele die Stirn.

»Öhm, das kostet aber mehr, als Sie dafür bestimmt eingenommen haben.« Ich zeige auf die Reifen. »Oder sind das besondere Reifen? Reifen vom Papst-Golf oder so?«

»Nein.«

Er legt eine Bahncard 50 neben den Ausweis. Ich denke, es rechnet sich trotzdem nicht. Aber gut, wenn er meint…

Der Rechner spuckt die Verbindungen nach Passau aus. Kompliziert ist das nicht. Einmal kurz nach Köln und dann durchgängig mit dem Intercity in den Süden. Halb elf heute Abend wäre er da. Ich komme langsam in Fahrt und knalle ihm neben dem zeitlichen noch weitere Argumente gegen das unsinnige Unternehmen auf den Tisch.

»Ihnen ist auch schon klar, dass Sie den Einkaufswagen nicht mitnehmen dürfen?«

Er nickt. »Pack ich oben aus. Sie haben ja keine Kofferkulis mehr in diesem Saftladen.«

Ich sage: »Vier Reifen als Handgepäck?«

Er antwortet mit einem boshaft bebenden Blick, als freue er sich schon jetzt, mir zu zeigen, wo der Frosch die Locken hat: »Nicht als Handgepäck. Als Traglast.«

Nicht schlecht. Ich bin beeindruckt. Der Mann kennt die Beförderungsbedingungen. Zu einem Mitarbeiter der Bahn das Wort »Traglast« zu sagen ist so, wie an der Hotline eines Computerherstellers das Wort »BIOS« ins Gespräch zu werfen. Oder in der modernen Autowerkstatt selber zu wissen, wie man im Bordrechner des Pkws selbstständig in das Analysemenü für die Servicekilometer kommt.

Ich sage: »Traglasten sind Gegenstände, die – ohne Handgepäck zu sein – von einer Person getragen werden können.« Nicht schlecht, Andreas, denke ich mir, das dürfte wörtlich gewesen sein.

Der Mann presst arrogant die Lippen zusammen, wuchtet die Reifen aus dem Einkaufswagen, stellt je zwei links und rechts neben sich auf den Boden, geht in die Hocke, steckt die Arme durch und stemmt sich wieder hoch. Grinsend hebt er seine Kautschukgewichte auf und ab.

Stempel G.

Schwerbeschädigt.

Hier helfen nur schärfere Geschütze.

»Sie wissen aber schon«, betone ich, so ernst ich kann, »dass Sie im Zug keine Bremsspuren verursachen dürfen?«

»Was?«

»Ja, hier. Der schwarze Abrieb. Kennen Sie doch sicher

noch von damals aus der Schule. Keine schwarzen Sohlen in der Turnhalle.«

Darf man einen Stempel G auf den Sportunterricht ansprechen?

Annika schüttelt ganz sachte den Kopf.

Ich sage: »Moment!«, drehe mich um, beuge mich runter, ziehe den Schrank auf und knalle einen ringgebundenen Riesenbrummer Papier auf den Tresen. Die *Beförderungsbedingungen für Personen durch die Unternehmen der Deutschen Bahn AG*. Er kann sie nicht komplett gelesen haben, trotz »Traglast«-Kenntnis und Frührentenzeit. Niemand hat die *Beförderungsbedingungen* jemals ganz gelesen. Auch niemand bei der Bahn. So, wie kein Politiker den Vertrag von Lissabon jemals ganz gelesen hat. Und kein Nutzer von Facebook die ganzen AGBs.

Ich schlage den Wälzer an einer beliebigen Stelle auf. In Wirklichkeit steht da gerade: »In den Thalys-Zügen werden auf der innerdeutschen Verbindung von Aachen nach Köln Hbf bzw. umgekehrt ausschließlich Zeitkarten für die Produktklasse ICE nach Nr. 1.2 BB Personenverkehr und BahnCards 100 ohne Sitzplatzanspruch anerkannt.«

Ich hingegen lese vor: »Beim Transport von Produkten aus Kautschuk (insbesondere Autoreifen) ist auf sichere Verpackung zu achten oder das Produkt so zu lagern, dass weder an den Wänden noch auf der Gepäckablage noch auf dem Fußboden Abriebspuren entstehen.«

»Nicht mal auf dem Boden?«, empört sich der Mann und greift nach der Mappe, die ich schnell zurückziehe. »Das ist doch Schwachsinn!«, sagt er und hebt ein Bein an wie ein Bayer, der gleich den Schuhplattler tanzt. »Hier!«, ruft er und demonstriert sein Schuhwerk von unten. »Schwarze Gummisohlen! Ist doch ganz normal! Hat doch jeder! Sind die im Zug auch verboten wie in der Turnhalle? Ich glaube ja wohl nicht!«

Seinen rechten Fuß in der Hand, hüpft der Mann artistisch vor dem Service Point herum und tobt, so dass erste Leute bereits gucken.

Stempel G.

Schwerbeschädigt.

Ich sage: »Wie dieser Paragraf hier ausgelegt wird, das liegt ganz an den Kollegen im Zug. Aber ich kann Ihnen eins sagen. Bis Aschaffenburg kommen Sie vielleicht sogar durch, wenn Sie da munter Bremsspuren machen, aber noch tiefer südlich beginnt die ganz deutsche Sorgfalt. Sie wissen doch, wie das ist. In Herne-Baukau ist man froh, wenn die Schüler sich in der Pause nicht gegenseitig erschießen. Ab Regensburg abwärts gibt's schon eine Verwarnung, wenn man in der großen Pause den Harkdienst im Blumenbeet schwänzt.«

Der Mann überlegt.

Ich lege nach: »Ja, hier. IC 2327. Den Schaffner kenne ich sogar. Der berechnet pro Bremsspur für einen mitgeführten Reifen den vollen Preis für eine Person.«

»Sie wollen mich doch verarschen«, schimpft Stempel G.

»Sicher?«, brumme ich.

Er denkt nach. Nee. Der glaubt mir eher nicht.

Strategiewechsel.

»Warum wollen Sie eigentlich für jemanden, den Sie nicht kennen, alles in allem fünfzehn Stunden durchs Land fahren?«

Jetzt guckt der Mann schon anders.

»Sind das doch die Reifen vom Papst?«, frage ich.

Eine Kundin bittet Annika um eine Verbindung nach Saarbrücken und, falls vorhanden, ein Handtuch. Sie sieht aus, als sei sie auf dem Weg hierher im Slalom den Blitzen ausgewichen. Annika kramt im Schrank ein DB-Handtuch hervor und redet ihr für heute die Reise aus. Zwei zu null. Das darf nicht wahr sein.

»Drucken Sie mir jetzt bitte die Verbindung aus«, sagt der Reifenmann in einem Tonfall, der mir klarmacht, dass es beim Zwei zu null bleibt.

Ich drucke.

Er lächelt triumphierend und schiebt den Einkaufswagen zum Fahrkartenautomaten.

»Ich geh eben eine rauchen«, sage ich frustriert, stelle mich vor den Haupteingang unters Vordach, sehe Düsseldorf in einer Animation von Roland Emmerich in den Fluten untergehen, paffe, was das Zeug hält, stecke die Schachtel wieder ein und tapse geknickt zum Service Point zurück.

Auf dem Tresen stehen plötzlich zwei große Becher Kaffee und ein ganzes Pappblech voller Kuchen.

Annika sagt: »Haben die Damen noch schnell vorbeigebracht. Wegen Heino!«

Sie zeigt auf den roten Filzhut, der bereits wieder davoneilt. Höchste Zeit. Die kleine Frau winkt, zeigt auf den Kuchen und ruft: »Damit Sie den Kaffee nicht trocken herunterwürgen müssen!«

Ich winke zurück und habe bessere Laune.

Der nächste Donner vor der Tür klingt wie der Bariton von Heinz Georg Kramm.

Die ganz große Last

»Danke, das ist sehr nett von Ihnen. Danke, danke, danke.«

Die winzige alte Dame überschlägt sich vor Höflichkeit, während ich ihr den Koffer in den alten Intercity trage, die Stahlklippen empor. Klänge es nicht innerlich wie die Fantasie eines Serienmörders, würde ich denken: In den Koffer passt die Frau auch ungeschnitten zwei Mal selber rein. Ein Bild steigt in mir auf von einer Theke, vergleichbar einer Bäckerei, gemütlich eingerichtet und goldgelb erleuchtet, hinter der Menschenhändler zahlungskräftigen Psychopathen gut verschnürte Opfer verkaufen und dabei fragen: »Am Stück oder schon geschnitten?« Ich schüttele den Kopf und kneife die Augen zusammen. Hätte mir letzte Woche nicht denken sollen, komm, bist du endlich mal modern, füllst die Bildungslücke auf und guckst dir die *Saw*-Filme an, von denen die jungen Menschen so reden. Bin halt doch sensibel. Und einfallsreich.

»Sie sind so ein netter Mann«, sagt die winzige alte Dame, der ich nun ihrerseits helfe, nach ihrem Koffer in den Zug zu kommen. Den Ausstieg am Ziel wird sie ebenfalls ausschließlich mit Hilfe schaffen. Ihren Koffer kann sie gerade mal ziehen. Von auch nur einem Hauch des Hebens kann bei dem Ungetüm keine Rede sein. »Früher, als junge

Frau«, lacht sie, »da habe ich ja auf Reisen immer richtig viel mitgenommen. Meinen halben Kleiderschrank.«

In meinem Kopf entfaltet sich schon wieder so ein Traumbild: Die winzige alte Dame nimmt heute wörtlich, was früher nur eine Metapher für ihre Kleider gewesen ist und sägt daheim mit irrem Blick ihren halben Kleiderschrank in lauter kleine Bretter, die sich nun schwer und kantig in dem Hartschalenkoffer verteilen.

Sie wollte ins Bistro, also sind wir direkt dort eingestiegen. Der Zug hat noch ein paar Minuten bis zur Abfahrt, also begleite ich sie. Da alle Tische bereits besetzt sind, verjage ich einen jungen Mann mit weißen Hörstöpseln in den Ohren, der auf seinem Tablet herumwischt und so tut, als würde er die alte Frau nicht sehen. Das mit dem Vertreiben geht erfahrungsgemäß leicht. Einfach wortlos neben den Tisch stellen und die Hände verschränken wie Leibwächter in amerikanischen Filmen. Und warten. Nach einer Minute kann der Jungspund nicht länger so tun, als würde er meine Intervention nicht bemerken, und steht auf. Die Dame setzt sich, ich fahre den langen Griff ein, schiebe ihren Koffer unter den Tisch an die Wand und bitte den Wirt, dass er am Ziel darauf achten mag, dass jemand den Koffer herausheben hilft. Hinter mir quetscht sich eine zierliche Mittzwanzigerin vorbei, die einen Rucksack trägt, der oben einen Meter über ihren Kopf und unten einen Meter über ihren Hintern hinausragt. Der Rucksack bekommt plötzlich zwei Augen, die Gurte öffnen sich, die Lasche wird zur Oberlippe eines riesigen Mauls, er verschlingt die junge Frau, die ihn trägt, mit einem Happs und kommt satt und frauchenlos neben der Bistrotheke zum Liegen. Ich reibe mir die Augen. Meine Herrn, entweder vertrage ich gar keine Filme mehr im Alter oder ich bin heillos unterzuckert.

Die ganz große Last

Die Spätschicht von 14 bis 22 Uhr heißt ja nur deswegen so, weil man bei Dienstantritt zum Mittagessen bereits viel zu spät dran ist.

»Wenn doch mein Sohn nur so wäre wie Sie«, seufzt die winzige alte Dame, und ich denke mir: groß gewachsen, nikotinabhängig und voller kranker Fantasien von Hieronymus Bosch und David Lynch?

»Das wird schon wieder«, sage ich, beuge mich runter, tippe auf die Karte und flüstere: »Und nur normalen Kaffee trinken hier drin. Cappuccino können die nicht...«

Sie schmunzelt verschwörerisch.

Ich winke freundlich dem mobilen Gastronom, verabschiede mich und steige aus. Der Schaffner schwingt die Kelle. Das Warnpiepen ertönt, und die Türen schließen sich. Der IC macht sich auf den Weg.

Hand in den Nacken, Rücken durchbiegen, Leute beobachten.

Wie sich alle belasten, mit viel zu viel Gepäck.

Auf den Schultern.

Auf den Ohren.

Vor den Augen.

Ein sportlicher Mittdreißiger mit Pferdeschwanz schiebt ein Mountainbike zum Regionalexpress, an das so viele Taschen gebunden sind wie Säcke an bolivianische Lastenesel in späten Reportagen auf 3sat.

Ein unsportlicher Mittdreißiger mit Haarverlust kramt in der Hocke in einer meterlangen Reisetasche herum, kann sich aber nicht dabei konzentrieren, da er ständig den Blick heben muss, um seinen kleinen Koffer, seine Laptopmappe und eine große Einkaufstüte zusätzlich zum Schutz vor potenziellen Bahnsteigdieben im Blick zu behalten.

Es ist schon vorgekommen, dass die Sicherheitsleute einen jungen Mann, der in der Hocke auf Gleis 5 saß und allerlei Waren rund um sich auf dem Boden verteilt hatte, wegen unerlaubten Trödelhandels des Bahnhofs verweisen wollten... dabei hatte der Gute sich nur dabei verzettelt, seine Tasche aufzuräumen.

Diejenigen, die weniger schleppen, laufen trotzdem gebeugt, da der Nacken sich trauerweidenhaft neigt, wenn der Blick auf das Display des Smartphones fällt. Und welcher Blick tut das heute nicht. Auf die Idee, das Ding bei geradem Rücken einfach aufrecht vors Gesicht zu halten, kommt keiner.

In einem von Annikas Lebensratgebern steht, dass der Mensch – besonders der Mann – schon rein physikalisch kaum mehr als eine Sache gleichzeitig richtig ausführen kann. Also wirklich richtig. »Achtsam«, wie Ratgeberautoren es nennen. Wer folglich ständig simst, mailt, chattet, spielt oder Katzenvideos auf YouTube anschaut, ist auf dem Bahnsteig zwar körperlich, aber nicht geistig anwesend. Sozusagen der umgekehrte Fall der Astralprojektion. Da wundert einen vieles nicht mehr. Zum Beispiel, dass sich die Menschen, egal auf welchem Bahnsteig, grundsätzlich im Abschnitt A knubbeln. Ganze Trauben stehen dort, während andere Bereiche gähnend leer bleiben. Das liegt auch an der ungeheuren Achtsamkeit und Konzentration, mit der sich die Menschen ihrer Bahnreise widmen. Sie schauen auf den Ausdruck, der ihre Verbindung vermerkt, oder den Eintrag auf dem großen gelben Fahrplan und lesen dort flüchtig kleine Buchstaben wie *a* oder *b*. Die Buchstaben sind Fußnoten, die unten auf dem Ausdruck oder dem Fahrplan erklärt werden. Ob der Zug zum Beispiel die Fahrradmitnahme erlaubt. Oder ein Bistro hat. Im Grunde sind die kleinen Buchstaben genau das Gleiche wie die kleinen Zahlen, die in Imbissbuden oder bei der großen amerikanischen Fast-Food-Kette, deren Name Ihnen jetzt nicht einfällt, weil ich ihn gewissenhaft verschweige, neben manchen Produkten stehen. Die Zahlen bedeuten dann: mit Farbstoff. Oder: mit Benzoesäure. Nur: Wer kann heute schon noch Fußnoten lesen? Fußnoten sind Relikte aus einer Epoche, als man ein Buch mittels Lesen nahezu vollständig in sein Gehirn überspielte und währenddessen auch noch den Querverweisen folgte, die einen tiefer in die Materie führten. Heute folgt man statt Querverweisen am Ende einer Seite einem Hyperlink am Anfang eines Netzartikels. Und dann springt man zum nächsten. Deswegen heißt es ja auch Surfen und nicht Tauchen. Man bleibt die ganze Zeit an der Oberfläche. Wer das gewohnt ist, nimmt einen Fahrplan zur Hand, liest: »Gleis 16, 16:58 Uhr« und dahinter, fast unsichtbar klein, das winzige *a*. Dieser kleine Buchstabe führt schließlich dazu, dass er messerscharf schlussfolgert: Ja, schon klar, mein Zug fährt auf »Gleis 16a«, hab ich kapiert, weiter, weiter.

Und da stehen sie dann alle, die Köpfe gesenkt, und lassen ihre Daumen über die Kommunikatoren sausen.

»Hey, Sie da, Beamter!«

Ich reagiere erst gar nicht, obwohl ich den netten Fahrgast bereits sehe. Schließlich bin ich kein Beamter. Der Mann trägt einen ausgefransten, dünnen Schnauzer in einem schmalen, sehr dreieckigen Gesicht und ist modisch aus der Zeit gefallen. Riesige, weiße Turnschuhe mit Klettverschluss wie bei Michael J. Fox in *Zurück in die Zukunft* und eine zwei Nummern zu groß geratene Jeansjacke. Jetzt schiebt sich ein klappriger Arm aus der Jacke und zeigt auf mich.

»Ich spreche mit Ihnen!«

Gemütlich werfe ich Geld in einen Automaten für schlechten Kaffee, der hinter mir steht, warte ab, bis der Becher voll ist und drehe mich wieder um. Die Jeansjacke steht immer noch da. Ein dunkler Aufnäher der alten Heavy-Metal-Band Judas Priest ziert seine rechte Brusttasche.

Ich sage: »Quizfrage. Zu welchem profitorientierten Unternehmen gehöre ich? DB Fernverkehr, DB Regio, DB Personenbahnhöfe oder DB Dienstleistungen? Die Zeit läuft.«

»Wie bitte?«

»Einen Tipp gebe ich Ihnen. Die Antwort *zu gar keinem Unternehmen, denn der Mann ist Beamter* steht nicht zur Auswahl.«

Die Jeansjacke schüttelt sich, als flögen ihm sonst Mücken in die Ohren.

Ich nippe an dem Automatenkaffee. Unglaublich. Was füllen die da rein?

Die Jeansjacke hat sich gefangen und blafft: »Wo sind die Kulis???«

Ich stelle den Becher auf dem Automaten ab, greife mir ins Jackett, reiche dem Mann einen Kugelschreiber und sage: »Eigentlich verschenken wir die nicht. Und man kann auch höflicher fragen.«

»Nicht die!«, keift die Jeansjacke blechern, »die Kofferkulis!!!«

Ich stecke das Schreibgerät weg, nehme mir wieder den Becher mit dem heißen Saft, der ferne Erinnerungen an Kaffee weckt, und antworte dem aufgebrachten Mann: »Die gibt's nicht mehr.«

»Wie, die gibt's nicht mehr?«

»Schon seit Jahren nicht.«

»Aber nur hier in Düsseldorf nicht, oder? In dem Saftladen.«

»Nein, bundesweit nicht.«

»Und wie soll ich dann meine Koffer zum Zug kriegen?«

Ich beuge mich ein wenig herunter und mustere demonstrativ das Bahnsteigpflaster links und rechts neben den weißen Klett-Turnschuhen. Keine Koffer.

»Nicht heute«, raunzt er. »Allgemein.«

»Es gibt da jetzt ganz was Neues«, sage ich und beschließe, ein wenig auszuholen, als ich sehe, wie in seinen Augen die Hoffnung aufkeimt, das moderne Unternehmen Deutsche Bahn hätte endlich mal wieder investiert. »Kennen Sie Bernard Sadow?«

Die Jeansjacke schüttelt den Kopf.

»Der Mann stand kürzlich mit seiner Frau am Flughafen von Puerto Rico. Zwei schwere Koffer dabei, Frau immer noch unzufrieden, dass sie so wenig mitnehmen kann. Sie wissen, wie das ist. Da fährt an dem Sadow ein Fluggast mit Gepäckwagen vorbei, und der Mann, da er kein Handy dabeihat, um sich mit Katzenvideos abzulenken, kommt auf eine Idee. Zu Hause ab in die Garage, Koffer auf die Werkbank, Rollen drunter geschraubt, Zugband an den Griff, ab zum Patentamt. Also, ich muss dazusagen: Kürzlich war in dem Fall 1972. Hat aber noch zwanzig Jahre gedauert, bis der Rollkoffer sich durchgesetzt hat, denn kein Mann wollte sich die Blöße geben, so ein Schwächling zu sein, der Dame den Koffer nicht mehr tragen zu können, sondern ihn hinter sich herzuziehen wie ein Kleinkind seine Holzente auf Rollen. War halt alles noch sehr chauvinistisch damals.« Ich deute auf den Aufnäher von Judas Priest auf seiner Jacke. »Hat ja auch lange gedauert, bis Rob Halford sich in der Metal-Szene trauen konnte, sich als schwul zu outen. Im Grunde kann man sagen, dass Schwulsein dürfen im Heavy Metal und die breite Akzeptanz des Rollkoffers zusammenfielen.«

Die Jeansjacke funkelt mich an.

»Und wenn ich mehr als zwei Koffer dabeihabe? Soll ich mir dann zum Ziehen einen dritten Arm wachsen lassen?«

Ich nippe am Becher. Wenn Automatenkaffee abkühlt, kippt der Geschmack Richtung alten Specks.

»Wenn Sie mehr als zwei Koffer dabeihaben, sind Sie entweder nicht alleine unterwegs oder eine weibliche Diva, die zu den fünf umschwärmtesten Schauspielerinnen des Landes zählt. Für den Fall, dass Sie nicht allein unterwegs sind, haben Sie rein rechnerisch mindestens drei Arme – ich möchte einarmige Freunde nicht diskriminieren –, wahrscheinlicher sind aber vier. Für den Fall, dass Sie eine Diva sind, haben Sie eine Menge eifriger Kofferträger um sich, fliegen aber sowieso eher mit dem Privatjet, als mit dem Zug zu fahren.«

»Und warum haben Flughäfen noch Kofferkulis und die Deutsche Bahn nicht?«

Er spricht »die Deutsche Bahn« so aus, wie die meisten Leute es in meiner Gegenwart aussprechen – mit deutlich betonten Gänsefüßchen, als sei dieser Unternehmensname absurd und hätte mit dem, was wir anbieten, nichts zu tun. Ich halte ihn ja durchaus für eine präzise Produktbeschreibung, ähnlich wie PlayStation oder Volkswagen.

»Flughäfen haben Kofferkulis, weil die Fluggäste so viel Gepäck aufgeben dürfen, wie sie wollen. In der Bahn ist nur erlaubt, mitzunehmen, was unter den Sitz oder oben auf die Ablage passt.«

Die Jeansjacke schüttelt den Kopf und sagt: »Wenn ich in den Supermarkt gehe und nur Milch kaufen will. Zwei Liter Milch und von mir aus noch einen Streifen Maoam. Verbietet mir dann der Filialleiter, einen großen Einkaufswagen zu benutzen? Steht dann da die Security und zwingt mir einen kleinen blauen Einkaufskorb in die Hand?«

Der war nicht schlecht, denke ich, sage aber nichts.

Die Jeansjacke nimmt Fahrt auf: »Es ist ja wohl ein Menschenrecht, auch Handgepäck auf einem Kofferkuli zum Bahnsteig fahren zu können, wenn man das möchte.«

»Und ich dachte immer, ein Menschenrecht wäre so etwas wie Würde und sauberes Wasser.«

Der Mann reibt sich die Nase. Ich überlege innerlich, ob ich irgendein Lied von Judas Priest kenne. Diese reinen Metal-Gruppen kriegen es ja hin, vom Namen her weltberühmt zu sein, ohne dass ein normaler Mensch auch nur einen Ton von ihnen auf der inneren Festplatte hat.

»Das ist alles scheiße!«, sagt er. »Warum wird ständig alles abgeschafft?«

»Vor dreißig Jahren gab es Holz und Kohle zum Heizen an der Tankstelle«, sage ich. »Heute nur noch Grillbriketts.«

Mein freundlicher Kunde zieht hoch, speit beiläufig auf den Bahnsteig und zeigt wütend auf den braunen Automaten hinter mir, aus dem ich mir den Kaffee gezogen habe. Dessen Geschmack geht mittlerweile von kaltem Speck zu halb vertrockneter Fleischwurst über, die viel zu lange hinter der Scheibe gelegen hat. Ich denke über Judas Priest nach. »Fear Of The Dark« vielleicht? Nein, das war von Iron Maiden.

»Die Suppen da drin«, schimpft er. »Da unten, die letzten Tasten. Die heiße Tasse und die Tomatensuppe. Die gab es schon zu meiner Schulzeit! Was für ein Scheißdreck das ist! Wie flüssiges Salz, in das einer reingespuckt hat. Flüssiges Salz gemischt mit verklumptem Maggi. Warum werden diese Suppen nicht abgeschafft, dafür aber der Kofferkuli?«

»Von den Kulis wurden früher im Schnitt zweihundert

Stück im Jahr geklaut. Pro Bahnhof! Also, allein nur hier in Düsseldorf rein rechnerisch eineinhalb Kulis an jedem zweiten Tag. Einer kostete die Bahn so rund zweihundertfünfzig Euro. Nehmen wir mal an, es gäbe Menschen, die auf die heiße Tasse genauso scharf sind wie auf einen Kofferkuli und eine Technik gefunden haben, den Automaten auszutricksen. Und die stehlen dann eineinhalb heiße Tassen jeden zweiten Tag. Ich glaube, das wäre eher zu verschmerzen.«

Die Jeansjacke reißt den Kopf schräg nach oben und fixiert willkürlich einen Winkel der Überdachung, als ob es unerträglich für ihn wäre, ein Subjekt wie mich die nächsten paar Sekunden weiter ansehen zu müssen.

»Big City Nights« vielleicht? Andreas, konzentriere dich, das waren natürlich die Scorpions, bevor sie mit spitzen Lippen die Mauer weggepfiffen haben.

Die Jeansjacke motzt, den Blick immer noch im Dachwinkel, wo ein undefinierbarer Brocken aus Taubendreck, Wespennest und Teerklumpen pappt: »Für nix gut, weißte, aber Hauptsache das Beamtengehalt kassieren!« Ungelenk tragen ihn seine klobigen weißen Klett-Treter von dannen. Ich trinke die flüssige Fleischwurst zu Ende, gehe zur Dreilochtonne und werfe den Becher in das Loch für Altglas. Je mehr Pappe sich dort als Puffer zwischen die scharfen Kanten mischt, desto seltener schneiden sich die Pfandsammler. Als ich mich umdrehe, um wieder runter zur lieben Annika zu gehen, steht der kleine Prinz vor mir: »Herr Schorsch, ich möchte nicht, dass Sie ständig hier oben auf den Gleisen herumlungern.«

Ich schaue ihn an. Könnte ihm erklären, dass die winzige alte Dame mit dem Rollkoffer, deren Intercity längst auf Köln zurollt, vorhin zu uns an den Service Point kam, um den Service in Anspruch zu nehmen, den Koffer oben in den Zug gehievt zu bekommen.

Mache ich aber nicht.

Wichtigste Regel für ein gutes Leben, die leider kaum jemand beachtet: Erkläre dich nicht. Niemals. Wer in den Gerichtssaal tritt, um sich zu verteidigen, hat schon akzeptiert, dass er überhaupt von anderen Leuten angeklagt werden darf. Einfach lecker draußen vor dem Justizgebäude sitzen bleiben, gemütlich eine rauchen, auf den glitzernden Fluss in der Nähe schauen und die Leute da drin ihren Unsinn veranstalten lassen. Mir fällt ein, dass Judas Priest eine der ersten Bands waren, die angeklagt wurden, weil ein Teenager angeblich aufgrund ihrer satanischen Texte einen Selbstmordversuch verübt hatte. Ein Lied kommt mir trotzdem nicht in den Schädel. Der kleine Prinz wartet auf Antwort. Wen er musikalisch verehrt, hat er noch nie verraten. Ich tippe auf Chris de Burgh und Barry Manilow.

»Die Kunden wollen den Kofferkuli zurück«, sage ich, so bestimmt, als wäre es das Ergebnis einer monatelangen Infratest-Umfrage.

»Echt?«

»Ja. Jeden Tag fragt mindestens einer danach. Manchmal sogar zwei. Wenn man das auf ein Jahr und auf alle großen Bahnhöfe hochrechnet, dürfte man sagen, dass Hunderttausende unserer Kunden den Kuli wiederhaben wollen. Und wir verweigern ihnen diesen Service.«

Der kleine Prinz grübelt. Seltsam zieht er den unteren Teil beider Wangen nach innen und kaut darauf herum.

»Was wäre denn...?«, setze ich an und tue so, als wollte ich nicht weiterreden. Klappt natürlich sofort.

»Was?«, fragt der kleine Prinz.

»Ach, nichts«, winke ich ab. »Blöde Idee.«

»Nein, sagen Sie!«

»Ist nicht umsetzbar«, murmele ich.

»Alles ist umsetzbar!«, protestiert der kleine Prinz.

Ich grinse innerlich meinen Schorsch.

»Was wäre denn«, sage ich, »wenn nur wir die Kulis wieder einführen? Als Erste? Das gäbe bundesweit gute Presse. Hauptbahnhof Düsseldorf führt den Kofferkuli wieder ein.«

Im kleinen Prinz arbeitet es. Er sieht sie vor sich, die Artikel. Sitzt schon halb bei Markus Lanz.

»Und die Klauerei?«, fragt er.

»Wann haben wir die Dinger abgeschafft?«, sage ich. »Vor ein paar Jahren. Die Technik ist doch heute längst viel weiter. Einfach ein Chip rein und Alarmsensoren an beiden Bahnhofsausgängen, fertig.«

Der kleine Prinz strahlt. Visionen einer goldenen Zukunft tun sich vor ihm auf. Ich denke an meinen alten Schulfreund Gernot, der sich heute als Physiklehrer durchschlägt. Sehr patenter Elektrotechniker und Tüftler, der den Sprung in die freie Wirtschaft nie geschafft hat und sich heute in Neuss-Norf mit Gesamtschülern rumärgern muss. Seine Nummer habe ich im Handy. Ich zücke das Telefon und meinen Kuli, schreibe dem kleinen Prinzen die Nummer auf einen Zettel und sage: »Hier, rufen Sie bei der Firma mal an. Vielleicht kann die so einen Diebstahlschutz konstruieren.«

Gut, dass heute Sonntag ist, denke ich mir, dann bleibt genug Zeit, Gernot vorzuwarnen und ihm zu erklären, dass er schnell eine Firma gründen und den Kuliklauschutz erfinden sollte, um mit der Deutschen Bahn direkt seinen Großkunden zu haben. Man tut, was man kann.

Der kleine Prinz knistert mit dem Zettel in seiner Hand

und schaut mich an, als wolle er sagen: Sie sind zwar ein Anarchist, aber manchmal doch mein Mann. Enthusiastisch schreitet er Richtung Treppe.

Auf dem Gleis, das vor mittlerweile zwanzig Minuten den Intercity mit der winzigen alten Dame beheimatet hat, kommt ein roter, doppelstöckiger Regionalexpress zum Stehen. Ein slawisch aussehender Mann hält mit seiner Frau und drei Kindern auf den Eingang des Zuges zu. Sie schleppen vollgestopfte Plastiktüten in einer solchen Menge, dass ich kurz glaube, schon wieder eine surreale Fantasie zu haben. Jedes Mitglied der Familie ist von kugelig gefüllten Tüten vollständig umgeben. Es ist mir ein Rätsel, wie sie so viele Henkel überhaupt halten können. Womöglich haben sie Schnüre durch die Griffe gezogen oder dünne Stangen, die man hinter dem Berg aus Kunststoff nicht sofort sehen kann. So breit, wie die menschlichen Lastentiere samt ihrer Polyethylensäcke gerade sind, passen sie nicht in die Tür. Vor dem Regionalexpress lassen sie folglich erst einmal alles fallen. Frau und Kinder steigen ein. Der Papa beginnt, die Plastiksäcke hinter ihnen her in die Tür zu schieben. Er arbeitet zwar mit den Händen statt mit einer Mistgabel, doch ansonsten sieht es ganz genau so aus, als schaufele der Mann Heu in einen Schober. Nach einer Weile beginnt der Zug zu piepen, um das Schließen der Türen anzukündigen. Der Papa macht keine Anstalten, einzusteigen. Munter wirft er die letzte Tüte durch die sich schließende Tür und sieht dem RE Richtung Hamm (Westfalen) mit Halten in Duisburg, Mülheim, Essen, Bochum hinterher, die Arme in die Hüften gestemmt, sichtlich erleichtert.

Wahrscheinlich hat er nun ein paar Tage von Frau und Kindern frei.

Er sieht mich und nutzt die Chance, um sich zu vergewissern, dass auch alles mit richtigen Dingen zugeht. Ohne Ansprache, ohne Begrüßung und ohne Satzbau fragt er bauchig und laut: »Mülheim?«

Man darf diese ruppige Form nicht als Angriff missverstehen. Es handelt sich dabei einfach um sprachliche Effizienz. Wer seine Luft braucht, um zweiundsiebzig Tüten in einen Regionalexpress zu verladen, hat keine mehr für Verben oder Artikel.

Ich schaue dem Zug hinterher, nehme die Mütze ab, schlage sie aus, setze sie wieder auf den Kopf und antworte: »Moskau. Next stop: Warschau.«

Dem Mann entgleisen sämtliche Gesichtszüge.

Er wirbelt herum, als könne er gleich loslaufen und den Zug noch aufhalten wie eine Comicfigur, die hinten am Poller hängt und mit den Hacken den Schotter aufstieben lässt.

Er glaubt mir für ein paar Sekunden, und ich stelle mir vor, wie es wäre, mit einem roten Regionalexpress ohne Betten und Bistro nach Moskau zu fahren.

»Enter Sandman«? Nein, das waren Metallica.

Der slawische Tüten-Schaufler dreht sich wieder um und begreift langsam, dass eine Uniform und Humor sich in Deutschland nicht mehr ausschließen. Unsicher, mit welchem Gesichtsausdruck er meinen Scherz quittieren soll, steht er vor mir.

»Mülheim«, brumme ich lässig und väterlich. »Alles okay.«

Er atmet tief aus und geht.

Ich nehme mir vor, heute spät nach Feierabend einen Auftritt von Judas Priest aus dem Internet zu fischen, ziehe aber hier und jetzt erst mal das Telefon aus der Tasche und rufe meinen alten Kumpel Gernot an, damit er endlich seine Träume wahr macht und eine Firma gründet. Bin halt ein sehr gewissenhafter Angestellter.

A place of peace

»Herr Schorsch, was machen Sie denn noch hier unten?«, ruft der kleine Prinz. »Kommen Sie, schnell ab und hoch auf den Bahnsteig!« Zwei zierliche Asiatinnen folgen in seinem Kielwasser. Sie zeigen auf mich und kichern wie kleine Mädchen.

Ich stehe konzentriert wie nie hinter dem Tresen und benehme mich bereits den ganzen Tag wie ein Klosterschüler, während um mich herum die Hölle los ist. In Düsseldorf herrscht heute der zweite Karneval, auch genannt *Japan-Tag*. Tausende von Menschen sind auf den Beinen, zahlreiche davon verkleidet. Gerade eben läuft eine Armee aus Samurai-Kriegern mit Helm und Panzer vorbei. Mein kleiner Chefsamurai hat vor ein paar Tagen tatsächlich das erste Mal schriftlich eine Weisung eingereicht. Na ja, so etwas Ähnliches. Ein süßes Schreiben, in dem er mich dazu aufforderte, am Japan-Tag die Deutsche Bahn auf bestmögliche Weise zu repräsentieren. Er ist nervös, weil sich für heute Mittag das Zwei-Mann-Drehteam eines japanischen Fernsehsenders angekündigt hat, um für die asiatische Entsprechung der *Lokalzeit* einen Bericht über das Spektakel in der wichtigsten deutschen Kolonie zu drehen. Der Hauptdarsteller dieses Filmbeitrags solle ich sein, steht in der Weisung des kleinen Prinzen, leider könne er mir diese Auf-

A place of peace

gabe nicht abnehmen, da sich die Fernsehjournalisten vor der Kamera einen Praktiker wünschten, einen, der Tag für Tag Kundenkontakt hat, kurzum: einen Mann von der vordersten Front. Wichtig, ja entscheidend sei es dafür, »den Bahnhof als Begegnungsort«, als friedlichen, freundlichen und weltoffenen Raum »darzustellen«.

Der kleine Prinz und seine zwei noch kleineren Begleiterinnen haben den Tresen erreicht. Sie sind nicht in roter Seide als Geishas verkleidet, sondern tragen schlichte graue Baumwolle, die eine als T-Shirt, die andere als Kapuzenpullover.

»Chef«, sage ich, »kennen Sie diese Filme, in denen Menschen in Wirklichkeit Roboter sind und die Stimme ihres Gegenübers perfekt nachmachen können? Und auch noch alles aufgezeichnet haben, was dieses Gegenüber jemals gesagt hat?«

Der kleine Prinz stutzt einen Augenblick. Die zwei Asiatinnen zeigen ganz unauffällig auf meine Hände und tauschen sich darüber aus, wie unfassbar groß sie sind. Sie zeigen es sich gegenseitig an wie Kinder, die ihrerseits die Handflächen links und rechts hochhalten und sagen: soooo groß.

Ich fahre fort: »Dann stellen Sie sich jetzt vor, Chef, ich spreche in Ihrer Stimme zu Ihnen und wiederhole, was Sie vor ein paar Tagen zu mir auf dem Bahnsteig gesagt haben: Herr Schorsch, ich möchte nicht, dass Sie hier ständig auf dem Gleis herumlungern.«

Der kleine Prinz quält sich ein Lächeln ab. Heute ist Japan-Tag, da darf nicht öffentlich gestritten werden.

»Das ist doch was ganz anderes«, sagt er. »Das Fernsehteam ist da und wartet schon oben. Die wollen Sie auf dem Bahnsteig filmen. Und diese beiden Damen hier möchten an gleicher Stelle ein Foto.«

Er dreht sich zu den Süßen um und nickt lächelnd. Die nächste Armee aus Fernost passiert den Service Point. Keine Samurai, sondern Geschäftsleute, mit Koffern statt Schilden, Smartphones statt Schwertern und Betonfrisur statt Helm. Sie werden auf dem Weg zur Wirtschaftstagung im Hotel Nikko sein. Ohne Tagungen geht es in Japan selbst an Karneval nicht.

Ich wende mich zu Annika, um mich abzumelden, doch die muss erst mal eine Kundin versorgen. Eine von der ganz entschlossenen Sorte. Eine, die heute Morgen um 6 Uhr schon fünf Kilometer gelaufen ist und Menschen wie uns schon deshalb grundsätzlich nicht für voll nehmen kann, weil wir unter einem Proteinriegel eine Körnerstange vom Bäcker verstehen, die mit doppelter Salami belegt ist.

»Das Feuerwerk startet um 23 Uhr«, erklärt Annika der Frau, anscheinend nicht zum ersten Mal. »Wenn Sie sich das am Rhein bis zum Schluss angucken, dauert das erfahrungsgemäß dreißig bis vierzig Minuten. Von der Altstadt zurück bis zum Bahnhof, mal sehen ... ich gebe Ihnen dann mal zwei, drei Verbindungen zurück nach Rheydt so ab 0:15 Uhr.«

»Das ist viel zu spät!«, entrüstet sich die Kundin. Sie ist kaum zwanzig, klingt aber, als wären wir alle Kinder und sehr schwer von Kapee.

»Einen Zug früher nach Rheydt«, sagt sie.

Annika tippt ein: »Der geht aber schon um 23:22 Uhr.«

»Prima!«

Die Kundin freut sich. Rechtzeitig im Bett, um sich um Viertel vor sechs die Laufschuhe zu schnüren.

Annika räuspert sich: »Um 23 Uhr macht es frühestens das erste Mal BUMM. So voll wie die City am Japan-Tag ist, müssten Sie sich 25 bis 30 Minuten vor Abfahrt Ihres Zuges schon wieder auf den Weg zum Bahnhof machen. Das würde bedeuten, Sie müssten um 22:55 Uhr das Rheinufer verlassen. Also fünf Minuten vor der ersten Rakete.«

Die junge Joggerin blitzt Annika an, als wäre meine Kollegin persönlich für die miserable Organisation des Japan-Tags, die keine Rücksicht auf ihre Gewohnheiten nimmt, zu verantworten: »Nein, wirklich. Ich frage mich manchmal, wie Sie sich das alle hier vorstellen. Ehrlich.«

Das kann noch dauern.

Ich tippe Annika auf die Schulter und flüstere ihr zu, dass ich jetzt auf den Bahnsteig muss, die Deutsche Bahn repräsentieren. Sie nickt und lässt mich vorbei. Ich schwinge die Klapptür auf und erscheine in all meiner Pracht vor dem Service Point. Kluft gebügelt, Schuhe geputzt. Die Asiatinnen im Schlepptau des Chefs zeigen auf meine Füße und kieksen. Wieder heben sie die Hände, um sich gegenseitig eine Größe anzuzeigen. Sie kichern erneut, bemerken, dass ich sie genau im Blick habe, und werden rot wie die Teenager.

Der kleine Prinz lacht: »Ich glaube, die sind ganz von der Rolle, weil sie in Japan nicht so große Männer haben.«

»Ja, Chef, ich glaube auch, es geht um die Größe.«

Er versteht es nicht.

Zügig eilt er im Stechschritt zum Gleis voraus.

Die beiden Mädels und ich folgen ihm durch die Menge. Im Gewusel tauchen immer wieder Fabelwesen auf. Als Comicfiguren verkleidete junge Menschen mit blauer Haut, spitzen Ohren, abenteuerlichen Gewändern und Stirnbändern aus Metall. Sie stellen Figuren aus japanischen Mangas dar. Verkleiden heißt bei ihnen Cosplay. Das bedeutet eine Mischung aus »costume« und »play«, weil sie sich nicht bloß ein Kostüm überstreifen, sondern sich den ganzen Tag auch noch so benehmen wie die Figur, die sie darstellen. Wahrscheinlich sind sie auf dem Weg zum Burgplatz, wo heute am frühen Abend auf der Hauptbühne eine sogenannte Anime-Rock-Band spielt. Irritiert schauen zwei der deutschen Schülerinnen, die sich als japanische Schulmädchen mit Mutationen verkleidet haben, auf die zwei Originalasiatinnen in den schlichten grauen Baumwoll-Shirts und überlegen fieberhaft, welche Manga-Charaktere sie wohl darstellen sollen.

Der kleine Prinz geht zu Fuß, die Asiatinnen und ich fahren Rolltreppe. Über achttausend Japaner leben in und um Düsseldorf. Der zweite Karneval ist der einzige Tag, an dem sie die ursprüngliche Kultur ihres Landes ausführlich vorstellen. An der Rheinuferpromenade ist eine Art Open-Air-Messe aufgebaut, mit Ständen zu japanischer Kunst, deutsch-japanischen Beziehungen, Origamikursen, Teeläden und einem Zelt des *Go*-Verbandes NRW, einem Verband nur für das Brettspiel mit den weißen und schwarzen Plättchen. Für die Aussteller ist der Japan-Tag eine Chance, auf sich aufmerksam zu machen, da sonst sicher keiner mitbekommen würde, dass es einen Verband für *Go* überhaupt gibt. Für die Besucher ist der Japan-Tag eine Chance, die Stadt nach Rosenmontag ein zweites Mal im Jahr in einen Müllberg zu verwandeln.

»So, hier vielleicht, hier?«

Der kleine Chef wartet schon und stellt mich und die Mädels hin, den Fotoapparat in der Hand. Die Asiatinnen wollen, dass ich mein Jackett ausziehe, also tue ich wie geheißen, lasse die Krawatte baumeln und grinse. In einem aufgeregten Fluss ihrer Muttersprache unterhalten sie sich links und rechts von mir, wahrscheinlich über meine unvorstellbare Größe.

»Das ist gut«, sagt der Chef und deutet über meine Schulter, »da ist das Schild noch mit drauf.«

Ich drehe mich kurz um. Wir stehen auf Gleis 15. In Abschnitt A. Natürlich.

»Lächeln!«

Der kleine Prinz knipst und präsentiert den beiden das Bild auf dem Display der Kamera. Sie sind glücklich und verabschieden sich, nicht ohne einen letzten Blick auf meine Hände und Füße geworfen zu haben.

In Abschnitt B winkt das Drehteam.

»So, Herr Schorsch, da sind sie«, sagt der kleine Prinz. Man sieht ihm an, dass sein Herzschlag auf Hasentempo beschleunigt. Er winkt zurück. Sogar ich werde ein wenig nervös. Fernsehen ist nichts für mich, also zumindest nicht aktiv.

»Und denken Sie dran«, betont der kleine Prinz, »der Bahnhof im besten Licht. Ein Ort des Friedens und der Freundlichkeit.«

Wir gehen auf das Team zu. Ein Redakteur im Anzug mit Mikrofon in der Hand und ein junger Kameramann im Kapuzenpullover mit ziemlich ungezähmtem Haar, dessen Aussehen bei den deutschen Verkleidungsmädchen unten im Bahnhof zu erhöhtem Pulsschlag führen würde.

»Öhm, Chef?«, sage ich.

»Ja.«

»Was sprechen die mit mir überhaupt, wenn ich fragen darf?«

»Englisch«, sagt der Chef.

Ich verlangsame meinen Schritt.

»Ihnen ist aber schon klar, dass mein Englisch nur für den Hausgebrauch reicht?«

»Das klappt schon, Herr Schorsch. Ich habe bei deren

Anfrage gemerkt: Die sind auch nicht gerade Shakespeare. Da kommen am Ende doch sowieso Untertitel, wenn das bei denen zu Hause ausgestrahlt wird. Hauptsache, Sie machen eine gute Figur und zeigen immer schön, wie friedlich und sauber und freundlich es hier ist bei uns in Düsseldorf.«

Der Chef sagt es, so lässig er kann, doch ich merke, dass er innerlich zittert wie ein Achtklässler vor der Arbeit, die übers Sitzenbleiben entscheidet.

Ich muss an meine Schulzeit denken. Meine Ausbildung. Meinen Weg, der mich hierhergebracht hat, in die dunkelblaue Kluft mit der roten Mütze, in der ich gleich für einen japanischen Fernsehsender die Deutsche Bahn und den deutschen Frieden zwischen den Gleisen repräsentieren soll. Üblicherweise ist es bei Bahnern ja so wie bei Bäckern oder Bergleuten. Der Opa hat's gemacht, der Vater hat's gemacht, also macht es auch der Sohn. Würdevoll wird die Staffel der Tradition an ihn weitergegeben. Meine Staffel gab mir Frau Krömeier vom Arbeitsamt.

Der Chef eilt wieder voraus und begrüßt das Drehteam mit wilden, tiefen Verbeugungen, als hinge von einem kleinen Bericht in der japanischen *Lokalzeit* das Schicksal der gesamten Deutschen Bahn ab.

Ich denke an mein Schicksal. Nach der Schule trat ich eine Ausbildung an, die mir ermöglichen sollte, Fachverkäufer zu werden. Also für Schuhe in diesem Fall, nicht für Fächer, obwohl das auch eine interessante Warengruppe ist. Ach ja, davor musste ich noch zur Bundeswehr. Aber nur kurz. Bloß 458 Tage. Das können sich die Kids von heute, die nach dem Abitur direkt in die harte, unnachgiebige Welt des Studiums geworfen werden, gar nicht mehr vorstellen. Meine Ausbildung zum Schuhfachverkäufer jedenfalls, die gleich im Anschluss losging, habe ich nach zehn Monaten relativ abrupt selber beendet, indem ich eine Diskussion mit dem Chef versehentlich auf die nonverbale Ebene abrutschen ließ und ihn quer über die Theke hinter die Kasse zog. Er hatte mich zuvor dafür kleingemacht, dass ich nach rund 240 Tagen »Ausbildung« das erste Mal höflich nachfragte, wann denn in meiner »Ausbildung« mal etwas anderes drankäme als das Einräumen von Kartons im Lager; vielleicht sogar so was Nebensächliches wie Verkauf, Buchhaltung oder gar Dekoration. Daraus habe ich gelernt und Debatten mit Vorgesetzten seither nur noch rhetorisch geführt.

»That is Mister Schorsch«, stellt mich der kleine Prinz dem Moderator mit dem Mikrofon vor. Der Kameramann schultert derweil die Linse.

Ich überlege mir, ob es angemessen oder anbiedernd wäre, die Leute mit »Konichiwa« zu begrüßen und sage einfach nur: »Hello!«

Einen Augenblick lang stehen wir vier schweigend in Abschnitt B. Der Kameramann hält sein Gerät, der Moderator legt das Mikrofon in seine zur Schale geöffnete linke Hand, ich halte aus Gewohnheit Ausschau nach Fahrgästen, die Hilfe benötigen könnten, und der kleine Prinz steht stramm und mit großen Augen vor uns, als ob er auf etwas wartet. Nach ein paar Sekunden sehen wir ihn alle drei gleichzeitig an.

»Wie? Was? Ach so!«

Er lacht und windet sich, reibt sich die Hände, verschränkt sie kurz hinter dem Rücken, holt sie wieder hervor und streift sich ein nicht vorhandenes Haar aus dem Gesicht.

»Also, ich lasse Sie dann mal arbeiten…«, er räuspert sich, »allein.« Er wirft mir einen Blick zu, als wolle er sagen: Versauen Sie es nicht. Bitte. Nur dieses eine Mal brav sein. Bitte.

Ich brumme: »Freundlichkeit und Frieden. Schon klar.«

Er lächelt fahrig, verabschiedet sich in die Runde und geht, nicht, ohne sich noch ein paar Mal zu uns umzudrehen. Der Moderator sieht ihm nach, lächelt mich an und erklärt mir, dass ich erst mal einfach nur hier stehen und ein paar Fragen beantworten soll. Ich verstehe ihn ganz gut, da er in der Tat ein holpriges Englisch spricht. Sich mit seinem Kameramann beratend, dreht er mich so hin, dass man im Hintergrund quer über alle Gleise schauen kann. Dann friemelt er mir ein kleines Ansteckmikrofon ans Revers.

»Say something«, sagt er.

Ich sage: »Something.«

Er lacht gütlich.

»No, ahem, I mean: Say something about the train station.«

»Ah«, sage ich und rüttele mich in die Spur. »Okay. Öhm...« Ich zeige hinter mich und drehe mich dabei: »Here you see the twenty rails of Düsseldorf train station. A place of peace, sunshine and friendliness!«

Ich grinse.

Der Moderator sagt: »No. Please don't turn around.«

Was meint er?

Er macht es vor. Ach, ich soll mich nicht drehen beim Sprechen.

»Again!«

Ich gucke starr in die Kamera, aufrecht und gerade wie ein Oberfeldwebel. Leider gerät durch diese Körperhaltung auch mein Tonfall etwas zu militärisch. »Here you see the twenty rails of Düsseldorf train station«, sage ich so resolut wie ein Sprecher des Volksempfängers, »a place of peace, sunshine and friendliness!« Es klingt wie ein Befehl. Frieden und Freundlichkeit, aber zackig!

Ich sehe im Gesicht des Moderators, dass er nicht zufrieden ist.

Hinter ihm ertönt eine Stimme: »Da ist er ja! Hier, Jungs, guckt, da ist der Typ, der die Bescheinigungen ausstellt!«

Der junge Mann, der mit zwei Kumpels im Schlepptau enthusiastisch auf mich zuhält, ist Jesse Pinkman. Mein Fan von neulich, dem ich den Erhalt des Passierscheins A 39 und die Nervigkeit seines Vaters zum Geburtstag bescheinigt habe. Er begeht den Japan-Tag mit seinen Freunden wie alle jungen Männer: Weltoffen und kosmopolitisch schüttet er sich die Birne mit Reiswein voll und torkelt, schon mittags besoffen, dem nächtlichen Feuerwerk entgegen.

»Was machst du denn hier?«, grölt er mit Blick auf das Drehteam.

»Imagefilm«, sage ich, damit er den Ernst der Lage begreift. »Für das japanische Fernsehen.«

»Echt? Cool!«

Pinkman legt den Arm um den Moderator. Der versucht, zurückzuweichen. Mein größter Fan lallt: »This guy is really cool, man! He gives everyone... every...« Pinkman haut dem untersetzteren seiner beiden Kumpels vor die Schulter: »Sag mal, wie heißt das noch auf Englisch? Bescheinigungen?« Der Untersetzte stammelt, doch Pinkman wartet keine Antwort ab und sagt: »Credits! Oder? Sagt man doch so. Wie bei Akkreditierung.« Erstaunlich, dass er so ein Wort noch hinkriegt mit einem geschätzten Liter Flüssigreis im Schädel. Die Flasche in seiner Hand ist jedenfalls fast leer. Kraftvoll schwingt er den Zeigefinger in meine Richtung und klopft vor die Kamera: »Here! This guy! You go to him and you get credits. Just for free. Life is shit‽ Is dark, you know‽ You go to him – get credit!«

Der Moderator ist zwar immer noch angeekelt von Pinkmans Atem, wirkt aber plötzlich interessiert. Überhaupt wirkt er das erste Mal am heutigen Tag so, als bekäme er richtig Lust auf den Dreh.

»He gives credits to customers‽«, fragt er Pinkman, und der Kameramann dreht sich um und hält auf den jungen Mann.

»Yes! No real credits, of course. It's just... wie sagt man‽ Fälschung‽ Fake‽ Imitation‽«

Der Moderator sagt: »He gives out funny money‽«

Pinkman lacht: »Yes, yes, very funny man! Very funny!«

Ich traue meinem eigenen Englisch ja nicht so ganz, aber ich glaube, das japanische Fernsehen gelangt gerade zu der Überzeugung, dass an den Servicetheken der Deutschen Bahn heimlich Kredite an verzweifelte Kunden herausgegeben werden, die sich dann im Nachhinein auch noch als Falschgeld entpuppen. Kein Wunder, dass der Moderator auf einmal so gute Laune bekommt. Das ist doch mal eine Geschichte.

Ich hebe die Hand und sage: »No, no, no! He's drunk!«

Mist. Jetzt habe ich das eherne Gesetz verletzt. Niemals verteidigen. Niemals abstreiten. Wer etwas abstreitet, hat schon unrecht.

»Look here!«, sage ich, mache einen Schritt vor und drehe die Kamera wieder in Richtung der Gleise, »peaceful train station! Place of friendliness and sunshine!«

In dem Moment, wo ich es sage, ertönen kehlige, aggressive Gesänge auf den Treppenstufen des Gleises gegenüber. Im Tunnel erscheinen zehn, zwanzig Fußballrowdys, doch jeder von ihnen zählt für zwei und klingt für hundert. Es

A place of peace

sind die von der ganz kastigen Sorte. Haarlose Kleiderschränke mit eigenen Vorstellungen von »friendliness and sunshine«. Kaum dass sie zu sehen sind, erheben sich noch einen Bahnsteig weiter zehn andere Männer vom Boden, die bislang kaum auffielen, da sie einfach nur trinkend herumgesessen haben. Es sind ebenfalls wuchtige Hooligans, gekleidet in anderen Farben. Die Bundesliga hat heute Abend nur ein Spiel, und das findet tief unten in Bayern zwischen Nürnberg und den Münchenern statt. Außerdem gibt es bei Profiveranstaltungen von der ersten bis zur dritten Liga mittlerweile grundsätzlich Eskorten der Polizei. Ganz unten wiederum, bei den echten Amateuren, stehen nur ein paar meckernde Rentner am Platz. Aber dazwischen, in der vierten und fünften Liga, ist ein Milieu entstanden, das keiner richtig auf dem Schirm hat. Außer in diesem Augenblick das japanische Fernsehen, dem ich den Düsseldorfer Bahnhof als Ort der Weltoffenheit und des Miteinanders präsentieren soll.

Als hätten sich zwei konkurrierende Affenrudel auf der jeweils anderen Seite des Flusses erspäht, geht es sofort los. Die Männer werfen sich ein paar undefinierbare Rufe zu, dann beginnt die kleinere Gruppe, provozierend zu singen: »Ihr seid Siegener! Asoziale Siegener! Ihr schlaft unter Brücken oder in der Baaaahnooofsmissiooooon!«

Der Kameramann richtet die Linse auf das Geschehen und zoomt es heran. So etwas kennt man nicht im Land der gestopften U-Bahnen. Zehn blau-rot gekleidete Schreihälse, die mit zwanzig Rot-Weißen auf der anderen Seite der Gleise kommunizieren, indem sie ihnen beleidigende Verse vorsingen. Ich frage mich, ob diese Typen es auch tun würden, wenn sie sich gegenseitig nur alleine begegnen. Einfach so, mitten in der Stadt. Ob sie dann anhalten, die Tüten vom Supermarkt abstellen, sich in die Augen schauen und anfangen, zu grölen: »Du bist ein Siegener! Ein asozialer Siegener!«

Nee, eher nicht.

Diese Leute funktionieren nur im Rudel. Alleine sind sie wahrscheinlich deaktiviert und liegen nur herum wie ausgeschaltete Cyborgs.

Die Rot-Weißen, die – wie wir nun wissen – aus Siegen kommen, kontern den Gesang ihrerseits mit freundlichen Zeilen, die weniger gesungen als vielmehr rhythmisch gebellt werden: »Wir bauen eine Bahn, von Uerdingen nach Auschwitz!«

Aha, die Gegner sind also Krefelder.

Der Moderator fragt: »What do they shout?«

Was die netten Männer da drüben schreien?

Öhm.

Ja.

Ich sage: »Something about a historic train.«

Pinkman und seine Kumpel starren entsetzt auf die in Rot-Weiß gekleidete braune Brut. Ich ziehe mein Telefon aus der Tasche und rufe in der Zentrale an.

Den Krefeldern wird klar, dass die Siegener auf der anderen Seite gar nichts mehr zu trinken haben. Sie beginnen daher, mit vollen Bierdosen zu schmeißen. Normale Fahrgäste, die sich bis eben noch auf dem Gleis der Siegener befunden haben, gehen in Deckung oder flüchten die Treppe hinab. Ein paar grünhäutige Kobolde mit langen Ohren und Plastikschwertern, die gerade dieselbe Treppe heraufkommen, reißen ihre großen Manga-Augen auf und drehen direkt wieder um. Zischend platzen die Dosen auf dem Gleis der Siegener auf. Die Siegener brüllen und werfen nun ihrerseits Getränke, allerdings in Flaschen. Menschen schreien. Der Kameramann hält drauf und schwenkt hin und her zwischen der anschwellenden Schlacht und mir, wie ich – mir ein Ohr zuhaltend – in den Hörer rufe, die Bundesbahnpolizei zu benachrichtigen, um die anfahrenden Züge auf diesen beiden Gleisen zu stoppen. Anrufen gehört in so einem Fall zu meinem Aufgabenprofil. Dazwischengehen eher nicht. Jedenfalls nicht, solange die Vollpfosten unter sich bleiben und statt anderer Fahrgäste »nur« das Inventar gefährden.

German train station, place of friendliness and sunshine.

Die Krefelder verstecken sich vor den fliegenden Flaschen hinter Sitzbänken, Kaffeeautomaten und Werbewänden. Zwei von ihnen öffnen in der Deckung einen Rucksack, kramen Böller heraus und zünden sie an.

Die Siegener rufen: »Hier regiert der nationale Widerstand!« Einige zeigen den Hitlergruß. Die Krefelder werfen am Japan-Tag den ersten Chinakracher.

Der Moderator wird erst etwas bleich, dann fragt er mich in einer Mischung aus Entsetzen und Freude über einen Bericht, der sich gewaschen hat: »Do they really show the Hitler sign?« Er macht es nach, damit ich weiß, was er meint.

»This is not normal!«, sage ich. »Normal is peace!«

Jesse Pinkman sagt: »Das ist der Bärensturm!«

Ich frage: »Was ist das?«

»So eine verschissene Faschogruppe«, sagt er, »davon habe ich neulich was gelesen. Weil, die zweite Mannschaft von Fortuna Düsseldorf spielt doch auch in der vierten Liga, deswegen stand in der Zeitung ein Bericht, wer da in der vierten Liga von den anderen Vereinen so alles Angst und Schrecken verbreitet. Und das da ist der Bärensturm.«

»What do you say?«, fragt der japanische Moderator.

»Bearstorm!«, ruft Pinkman, während die Böller knallen. »Bearstorm!«

Der Bärensturm beginnt nun, an Mülltonnen und Sitzbänken zu rütteln, als könne man sie einfach so aus dem Bahnsteig reißen und als Wurfgeschosse benutzen. Einer dreht sich um und schaut auf den Schotter im Gleis, als überlege er ernsthaft: Hm, da unten ist es doch, das Paradies für Wurfgeschosse.

Ich rufe ins Telefon: »Wenn das so weitergeht, haben wir gleich Personen im Gleis!«

Die Bahnsteige der Hooligans gehören mittlerweile ihnen allein. Auf den restlichen zücken Schaulustige ihre Handys und Kameras. Die Böller knallen. Den Krefeldern fällt ein, dass sie noch mehr als Böller dabeihaben. Sie zünden bengalische Fackeln. Im glutroten Qualm der Dinger reißt einer die Abdeckung vom Dreiloch-Mülleimer heraus und kramt auf der Suche nach neuem Wurfmaterial alte Flaschen und zermanschte Essensklumpen aus den Tüten.

»This are football fans, right?«, fragt der japanische Moderator Jesse Pinkman, von dem er wohl realistischere Antworten erwartet als von mir. Pinkman schüttelt den Kopf: »No! This are nazi idiots!«

Der Moderator ist begeistert. In flüssigstem Sensations-Japanisch plappert er in die Kamera, wie es tatsächlich auf deutschen Bahnhöfen zugeht und dass hier noch der Nazi regiert. Die ersten Hooligans machen Anstalten, die Treppe hinab und zu ihren Gegnern hinüberzulaufen, doch auf den Stufen erscheinen Sicherheitskräfte und die ersten Polizisten. Ohne große Vorrede schieben sie sich auf jeder Seite vor die Parteien. Noch sind es zu wenige. Auf unserer Treppe erscheint der kleine Prinz.

»Oh Gott, Herr Schorsch, Herr Schorsch!«

Ich wedele mit dem Telefon: »Habe sofort angerufen.«

Der kleine Prinz wendet sich an den Moderator und ruft flehentlich: »This is not normal! This is not normal!« Er greift mit seinen kurzen Armen nach der Kamera und versucht, sie vom Kriegsschauplatz wegzudrehen.

Gegenüber bildet sich ein Gerangel aus Rot-Weißen mit Schottersteinen, Blau-Gelben mit Fäusten und Flaschen, dunkelblauen Sicherheitsleuten mit Knüppeln und grünen Polizisten mit Schilden und Helmen, die eigentlich darauf eingestellt waren, entlang des Japan-Festes gemütlich vor ihren Bussen zu sitzen und hin und wieder mal einen Betrunkenen zu stützen. Ich denke an die Armee von Samurai, die vorhin unten Richtung City zog. Die könnten wir jetzt gut gebrauchen.

Zwei Krefelder, die etwas Abstand zwischen sich und die Sicherheitskräfte bringen konnten, weichen in den hinteren Gleisabschnitt zurück und klauben vom Boden, was sich noch finden lässt. Vor einem Lastenaufzug steht ein Karton mit alten Prospekten. Sie wuchten ihn hoch und schleudern ihn einem Polizisten entgegen. Der kleine Prinz beobachtet es fassungslos.

»Chef«, sage ich, »Vorschlag zur Güte. Am nächsten Fußballspieltag holen wir eine Firma für Befestigungstechnik her und lassen alles anschrauben, was zehn Stunden vor dem Anpfiff hier noch lose rumliegt. Das würde dann auch irgendwo ein klares Zeichen setzen.«

Der kleine Prinz fragt ernsthaft: »Kennen Sie denn jemanden, der so was macht?«

Ich überlege, ob ich nach meinem Physiklehrerfreund Gernot, der bald den Diebstahlschutz für die neuen Kofferkulis baut, auch noch einen Schlosser in der Bekanntschaft habe, der eigentlich lieber Performancekünstler geworden wäre.

»Die Frage ist nur: Wie befestigt man den Schotter?«, sage ich.

»Die Bundespolizei hat *alle* Züge angehalten«, klagt der kleine Prinz, das noch größere Problem im Blick. »Nicht nur die für diese beiden Gleise. Alles steht! Nothalt! Vollbremsung! Es ist schrecklich.«

Das japanische Fernsehteam sieht das anders. Der Moderator redet und redet und hat vor lauter Begeisterung schon ganz rote Wangen.

»Not normal!«, jammert der Chef. »Not normal!«

Ich sehe derweil vor mir, wie in den nächsten Tagen tausend Kunden ihre Beschwerden aufsetzen. Der Herr Hinz, der in Frankfurt seinen Flieger nicht mehr bekommen hat. Die Frau Kunz, die vergeblich in Schwerin auf ihre Mutter warten musste. Wenn alle Züge wegen diesen prügelnden Helden da drüben stehen bleiben, breiten sich die Verspätungsfolgen wie Wellenkreise in alle Richtungen aus. Am Ende sind wir wieder dran schuld mit unserem Saftladen.

»… und wenn der Hofmeister hier ist?«, schlägt der Chef die Hände über den Kopf. »Oh Gott, oh Gott, oh Gott!«

Schon am Montag drauf ist »die Schlacht am Japan-Tag«, wie das örtliche Boulevardblatt sie dezent betitelte, längst vergessen. Der Hofmeister ist als Vertreter der, hüstel, »seriösen« Presse nicht persönlich zugegen gewesen, hat aber trotzdem auch was geschrieben. Er erinnerte daran, wie es vor einigen Jahren, als die Mannschaft im DFB-Pokal spielte und dementsprechend mehr los war als bei einer kleinen Partie der 4. Liga, ein paar »Fans« der Sportfreunde Siegen geschafft hatten, den Bahnhof mit 150 Mann unter Absingen des Horst-Wessel-Lieds »friedlich« zu passieren, damals beschützt von der Polizei. Was da wohl in so manchem älteren Fahrgast vor sich gehen mag? Der kleine Prinz gab der Presseabteilung derweil die Sporen. Davon, was aus der Sendung im japanischen Fernsehen geworden sein mag, sprach er nicht mehr. Der Alltag ist zurück am Tresen.

»Fünf Minuten«, begrüßt mich ein Kunde mit Gift und Galle im Tonfall, kurz nachdem ich um 14 Uhr auf der Matte stehe. Voller gerechtem Zorn zeigt er rauf zur Anzeigetafel. »Der scheiß Regionalexpress kommt fünf Minuten später!«

Peaceful train station, denke ich, place of friendliness and sunshine.

»Das kommt beim Regionalexpress vor«, sage ich.

»Letzten Freitag«, bellt er, »war es eine ganze Stunde!«

»Letzten Freitag«, sage ich, »da war Japan-Tag, und es gab diese Weltkriegsaufführung auf Gleis 14 und 15, von der wir selber vorher nichts wussten. Sie haben es bestimmt in der Zeitung gele...«

»Da fährt doch bestimmt einer vorher! Ein ICE! Den will ich! Zum Preis des RE. Bescheinigen Sie mir das!«

Ich seufze.

Ein Taubenzüchter.

So nennen wir die Kunden, die den ganzen Tag in heillosem Aufruhr und Panik sind, dass am Abend mit ihrem Feierabendzug irgendwas passieren könnte. Nichts anderes haben sie vor Augen, während sie tippen, pflastern, telefonieren, Kunden bedienen oder was immer sie sonst so beruflich machen. Nichts anderes als den größten denkbaren Schrecken, schlimmer als Nierensteine, Noroviren oder Neonazis – die 5-Minuten-Verspätung!

»Da fährt kein ICE vorher innerhalb der nächsten fünf Minuten«, sage ich.

»Ja, aber...«

»Nein.«

Er zeigt wieder hoch zur Anzeigetafel: »Wenn aus den fünf Minuten Verspätung zehn Minuten werden, kriege ich mein Geld zurück. Direkt hier!«

Ich denke an Jesse Pinkman, der dem japanischen Moderator erzählt hat, ich würde Kredite auszahlen.

»Nein, nein«, sage ich, denn bei Taubenzüchtern muss man genau werden. »Sie haben die Gesetzesvorlage der EU nicht ganz durchgelesen. Da ist so einiges geregelt worden neuerdings. Rauchen steht zum Beispiel unter Strafe. Nichtrauchen ist also Ihre Pflicht als Fahrgast. Rechte haben Sie allerdings auch, und zwar relativ einfache. In einem Zug des Fernverkehrs kriegen Sie ab einer Verspätung von mindestens einer Stunde und weniger als zwei Stunden 25 Prozent des Fahrpreises erstattet. Im Nahverkehr ist das noch schlichter geregelt. 25 Prozent bei einer Verspätung von 120 und mehr Minuten, wenn Sie einen Einzelfahrschein haben. Bei Monatsfahrkarten müssen Sie das mit dem Unternehmen regeln.«

»120 Minuten. Ihr könnt sie doch nicht mehr alle haben!«

»*Wenn* Sie Ihr Geld zurückwollen und *nicht* fahren. Wenn Sie fahren, bekommen Sie bei einer Verspätung von 20 oder mehr Minuten im Nahverkehr die Erlaubnis, stattdessen kostenfrei einen ICE zu benutzen. Theoretisch werden Züge übrigens gar nicht freigegeben, sondern jeder einzelne Fahrgast müsste einfach so bei verspätetem RE in den ICE steigen und die Mehrkosten von maximal dreißig Euro von der Bahn zurückfordern. Die so genannte Freigabe macht die Transportleitung nur, um unnötigen Papierkrieg zu vermeiden.«

Der Taubenzüchter sieht mich grau an, obwohl es rot in ihm brodelt.

»Zwanzig Minuten«, betone ich noch mal, »nicht elf. Nicht sechs, nicht fünf. Echte zwanzig Minuten, keine gefühlten. Wie beim Fußball. Da kann die Fortuna auch nicht sagen: Ja, gut, wir haben zwar verloren, aber nach hundert Minuten hätten wir schon noch gewonnen.«

In den Wangen des Mannes treten die Kiefermuskeln hervor.

Leise raunt er: »Ab morgen sitzen Sie nicht mehr hier.«

Das ist mal was Neues.

Ich stehe auf, mache einen Schritt zu Annika, knuffe ihr in die Schulter und sage: »Hast du das gehört? Ich bin hier 34 Jahre! 34 Jahre bin ich in diesem Puff hier, 34 Jahre sitze ich hier als Arsch vom Dienst. Und dann...« – ich strahle gespielt – »werde ich endlich befördert, und der Chef hat noch nicht mal die Eier, mir persönlich zu sagen, dass ich schon ab morgen nicht mehr hier sitzen muss!«

Der Taubenzüchter starrt mir noch ein paar Sekunden mit seinen kleinen schwarzen Knopfaugen ins Gesicht, bevor er abflattert. Annika, die bis eben ein Lachen unterdrücken musste, gackert los.

»Herzlichen Glückwunsch zur Beförderung«, sagt sie, und ich nehme mir vor, als Erstes die Befestigung sämtlicher Gegenstände auf dem Bahnsteig vor jedem Fußballtag anzuordnen. Der Taubenzüchter flucht, während er die Halle verlässt. Aus dem Buchladen gegenüber kommt ein kleiner blauer Gnom mit spitzen Ohren und weißem Umhang, der vom Japan-Tag übrig geblieben ist, und schlägt sein neu erworbenes Manga-Heft auf.

Die Waggonruhe

»Es geht darum, gute Laune zu haben!«, sagt der kleine Prinz in die Fotokameras der Lokalpresse. Es gibt einiges an Image wiedergutzumachen. Statt seines roten Jacketts trägt er heute wieder selber die Geschäftskluft der Bahn, allerdings als Anzug in Schwarz, »gebrandet« mit dem Logo der Firma und – siehe da – mit einem kleinen goldenen Radschläger am Revers. Wie wir alle, die wir als Gruppe vor dem Service Point stehen und »Cheese« sagen müssen, als die Fotografen abdrücken. Zwei Zeitungen sind da. Die konventionelle Lokalpresse und ein Vertreter der Boulevardzeitung. Unser Lieblingskritiker Herr Hofmeister lässt sich nicht blicken. Dabei muss er die Pressemitteilung ebenfalls bekommen haben.

»Erklären Sie die Tradition doch bitte noch einmal«, sagt der Herr vom örtlichen Boulevard. »Für unsere Leser, die zugezogen sind.«

»Gerne«, erwidert der kleine Prinz, eifrig wie ein Klassenprimus. Am Tresen wartet derweil eine Kundin. Doch sie sieht ja, es gibt heute Wichtigeres zu tun. Vorwurfsvoll schaut sie zu uns herüber, während ihre Lippen schrumpfen. Sie trägt eine teure, filigrane Brille mit bunten afrikanischen Mustern, doch das Leben hat ihren Geist verfinstert. Abteilung: verbitterte Elite von der Königsallee. Ein junger

Südländer in dunkelblauer Trainingsjacke streckt sich kurz ins Foto und grinst übermütig.

Mein Chef erklärt: »Als die Markgräfin Jacobe von Baden 1585 den Johann Wilhelm heiraten musste, hatte sie ganz schlechte Laune.«

Mein lieber Scholli, jetzt legt der kleine Prinz auch noch absichtlich rheinischen Singsang in seine Stimme!

»Vernunftheirat, Sie wissen schon. Also zuckelte sie dort betrübt mit ihrer Hochzeitskutsche dahin, sah aus dem Fenster ... und da waren die Radschläger! Begleiteten sie den ganzen Weg, die Jungen. Und da musste sie lächeln, trotz all ihrer Trübsal.«

Der Mann vom Boulevard, der die Frage gestellt hat, nickt bloß. Er schreibt nichts mit und zeichnet nichts auf. Wahrscheinlich, weil der *Express* ohnehin druckt, was er will.

»Außerdem«, fährt mein Chef fort, »haben die Düsseldorfer Kinder 1288 vor Freude auf allen Plätzen und Feldern Räder geschlagen, als Graf Adolf in der Schlacht von Worringen den Kölner Erzbischof besiegte. Ach ja, und als in der Kutsche von der Jacobe von Baden ein Rad kaputtging, da hat sich schnell ein Junge als Speichenersatz reingeklemmt.«

»... und die arme Frau doch noch in die Zwangsehe gefahren, obwohl sie eine Chance zur Flucht gehabt hätte«, schiebe ich ein.

Der kleine Prinz sieht mich tadelnd an. Die afrikanische Bitterbrille von der Kö sagt laut in die Luft: »Tja. Man kann wohl nicht erwarten, dass man am Service Point bedient wird.«

Der kleine Prinz stupst Annika an: »Nun gehen Sie doch mal.« Und schnell, zur Presse: »Die Bilder sind doch fertig?«

Die Fotografen nicken.

Der Mann vom Boulevard fragt: »Und die Pins am Revers aller Angestellten vom ganzen Bahnhofsteam waren Ihre Idee?«

Der kleine Prinz verzieht jovial und gönnerhaft die Lippen. »Nun, um ehrlich zu sein. Der Herr Schorsch kam darauf.« Flugs legt sich die Rückseite seines Patschhändchens auf das Ärmelende meines besten Bahnzwirns. »Aber ich habe mir sofort gedacht: Was für eine nette, heimatverbundene Idee!«

Ich rolle innerlich mit den Augen.

Die Kundin mit der Afrikabrille faltet ein DIN-A4-Blatt auf und begrüßt Annika mit den Worten: »So, ich habe die Mängel hier jetzt mal aufgeführt.«

Der Mann vom Boulevard wendet sich an mich. Man muss dazu wissen: Ich traue der vierten Macht im Staate genauso wenig über den Weg wie den ersten drei, egal ob Boulevard, konventioneller Lokalteil oder Herr Hofmeister. Das liegt vor allem daran, dass diese Menschen in wenigen Minuten eine Welt darstellen wollen, in der andere seit Jahrzehnten leben. Das Blickfeld, mit dem sie den ganzen Umfang eines Sachverhalts abtasten, ist so klein, als schauten sie durch eine leere Klopapierrolle. Sie huschen schnell über alles drüber, da sie keine Zeit haben, und die Papprolle selbst ist nicht einmal ihre. Sie wurde gesponsert und angemalt. Von Parteien, von PR-Abteilungen großer Firmen und vor allem von der unsichtbaren Hand des Konsens dessen, was man in ihrer Redaktion überhaupt sagen darf. Und ständig steht ein Medienvertreter vor unserem Tresen! Spätestens im Sommerloch, wenn nichts anderes in der Welt geschieht, wollen sie alle wieder einen Beitrag machen über das unheimlich verrückte Leben bei der Bahn. Solange mir mein Chef keine eindeutige Weisung gibt wie kürzlich bei den Japanern, verweigere ich solche spontanen Anfragen regelmäßig. Vor allem, weil es respektlos ist, ohne Termin anzutanzen. Als würde ich nur darauf warten, dass mir die Hohepriester der modernen Welt die Möglichkeit eröffnen, endlich einen Gastauftritt zu erhalten.

Einmal baute sich ein Fernsehteam bei uns auf, ganz gemütlich, samt großer Kamera und langer Angel mit fellumhülltem Mikrofon. Als wären wir verabredet. Waren wir aber nicht. Der junge Mann, der dort wohl schon Chef war – freiwillige Glatze, schwarzes Hemd und Hornbrille –, lächelte mich an, als müsse mich seine Audienz freuen, und sagte: »Wir sind vom WDR.«

Ich sah ihn fragend an.

»WDR?«

»Ja, Fernsehen.«

»Ach«, sagte ich. »Da war doch was. Irgendwo zwischen HSE 24 und CNN. Platz 96 auf meiner Fernbedienung!«

Er fand es nicht lustig.

»Herr Schorsch«, sagt der Mann vom Boulevard, mit dem ich heute reden muss, weil der Chef es so möchte. »Wie kamen Sie denn auf diese Idee mit dem Radschläger?«

Ich frage ihn, obwohl ich ja weiß, wer er ist: »Sie waren noch mal gleich von welchem Blatt? Dem *Völkischen Beobachter*?«

Mein Chef bekommt Schnappatmung.

Die Kundin hinter uns zählt Annika alle Schäden auf, die sie bei ihrer Fahrt in der ersten Klasse vor einigen Wochen beobachtet und protokolliert hat. »In den Scheiben waren fast durchgängig Kratzer. Der Fußbodenbelag wies auf ganzer Länge erhebliche Mängel auf.« Es klingt wie beim Übernahmeprotokoll einer Wohnung.

»Öh, nein ...«, antwortet der Redakteur auf meine freche Frage. »Kein *Völkischer Beobachter*. Wir heißen *Express*.«

Ich erwidere: »Und warum schreibt Ihr Blatt dann in jedem Artikel, den Sie über uns verfassen, immer noch von der *Bundesbahn*?«

Ich merke: Mein Chef würde mir jetzt gerne unauffällig auf den Fuß treten, wenn es denn ginge. De facto müsste er dafür aber ziemlich hoch springen.

Der Redakteur sagt: »Ja, es heißt doch so!«

»Nein«, kläre ich ihn auf, »wir heißen seit 1994 *Deutsche Bahn AG* bzw. *Die Bahn AG*. Bundesbahn war früher mal, davor hieß es Reichsbahn und davor Königlich-Preußische Eisenbahnverwaltung. Und der *Völkische Beobachter* heißt jetzt *Express*.«

»Herr Schorsch«, zischt mein Chef und wendet sich unterwürfig an den Boulevardburschen. »Ich muss meinen Bediensteten entschuldigen.«

Die Kundin mit der bunten Brille zählt derweil weiter auf: »Auf der Toilette prangten unzählige Bohrlöcher in der Wand. Hinter einem waren sogar offene Kabel zu sehen. Und vor allem, was ich überhaupt nicht erwartet habe: Es war ein Kommen und Gehen. Ständig stand jemand auf. Ständig stieg jemand ein.«

Annika weiß nicht, was sie sagen soll. In einem Zug steigen Menschen aus und ein. So eine Beschwerde hat man auch noch nicht gehört. Ich drehe mich um, mache einen Schritt zur Theke und schaue der Frau in die Augen hinter der bunt gemusterten Brille. Ja, das ist so eine. Die geht nach ihrer Beschwerdeaktion zur ersten Klasse nachher mit ihren Freundinnen im Victorian essen und schwärmt bei Entenstopfleber an Haselnusssalat davon, wie glücklich die Menschen in Afrika sind, obwohl sie nichts haben. Ich lehne mich auf den Tresen und senke meine Stimme noch tiefer, als sie ohnehin schon ist, während ich gleichzeitig darauf achte, Vokale und Konsonanten so klar konturiert nebeneinanderzustellen, als synchronisiere ich Jeremy Irons in einer Sprecherkabine. Auf diese Weise glauben mir die Leute wirklich alles. Vor allem die Damen, so hart und unnachgiebig sie auch tun. Langsam und mit absteigender Satzmelodie sage ich: »Frau ...?«

»Hengesbach.«

»Frau Hengesbach. Es ist so. Wenn Sie während Ihrer Fahrt in der ersten Klasse von Düsseldorf bis München sichergehen wollen, dass alle um Sie herum sitzen bleiben und wirklich niemand störend aus- und einsteigt, müssen Sie das Sonderticket *Waggonruhe* dazukaufen.«

»Was?«

»Das ist erst kürzlich eingeführt worden. Für die anspruchsvolle Premiumkundschaft. Wann war das, Annika? Anfang Mai?«

Annika nickt eifrig. Der optischen Gestaltung der Mängelliste, die vor ihr auf dem Tresen liegt, sieht man an, dass Frau Hengesbach sich nur in äußersten Notfällen selber an dieses seltsame Microsoft Word setzt.

Ich sage: »Die Bahn hat sich gedacht: Wenn es im Flugzeug zusätzlich zur Business Class auch noch eine First Class gibt, mit lediglich vier bis sechs Plätzen hinter einem Vorhang, wo man absolut unter sich ist, ganz ohne Durchgangsverkehr, dann brauchen wir zusätzlich zu unserer so genannten ersten Klasse auch noch eine Spitzenkategorie darüber. Die Waggonruhe.«

Frau Hengesbach mustert mich über den Rand ihrer Designerbrille. Sie überlegt, ob sie mir glauben kann. Das kleine Mädchen in ihr, das immer in diesen Kö-Frauen steckt, ist längst überzeugt.

»Es ist eine einfache Sache der Sortierung«, erkläre ich. »Man prüft einfach nach, wer aus der ersten Klasse ohne umzusteigen bis zum Schluss durchfahren möchte und gruppiert diese Gäste zusammen. Et voilà. Kein Einsteigen. Kein Aussteigen. Keine Unruhe.«

Ein Lächeln zeigt sich im Gesicht der Frau.

Ein gieriges Lächeln.

Ich sage: »Annika, sei doch so gut. Mach der Dame als Entschädigung einen Gutschein für einmal Aufpreis *Waggonruhe* gratis fertig, ja? Ich bescheinige das dann gleich.«

Bevor sie etwas erwidern kann, drehe ich mich wieder zu Chef und Presse, denn die Journaille befindet sich im Aufbruch. Annika schafft das schon. Sie hat einen Drucker und Fantasie.

Der kleine Prinz hat den Mann vom *Völkischen Beobachter* mittlerweile wohl beruhigt. Doch bevor er verschwindet, um seinen Artikel aufzusetzen, ohne dafür Notizen gemacht zu haben, sage ich noch, natürlich frei erfunden: »Ach, übrigens. Es geht nicht *nur* um gute Laune. Die Jungs haben früher für die Touristen auch Rad geschlagen, um sich ein bisschen Geld zu verdienen. Das konnte man damals noch, die Leute belustigen durch einen Radschlag. Im frühen 18. Jahrhundert, auf der Kö, gab es einen Radschlag für einen Pfennig. Heute gibt's immer noch nebenberufliche Artisten dort. Ist aber teuer geworden. Ein einzelner Radschlag kostet ein Euro zwanzig, ein Doppelrad glatte zwei Euro.«

Der Mann vom Boulevard hört nicht mehr zu. Dafür hat der andere von der normalen Lokalzeitung seinen Stift noch mal aus der Tasche gezogen. Er spricht zwar kein Wort, weiß gute Informationen aber anscheinend etwas mehr zu schätzen. Hinter mir rattert der Drucker einen Gutschein für einmal Aufschlag *Waggonruhe* aus sich heraus. Ist doch immer wieder schön, wenn am Service Point jeder kriegt, was er sich gewünscht hat.

Sparmaßnahmen

»Lailaaa!«

Das Pärchen in den mittleren Zwanzigern ruft ihre durch das Bahnhofsfoyer tobende Mischlingshündin in einem Tonfall, als würden sie in der Schule einen Jungen bitten, trotz selbst zu wählender Lernzeiten doch langsam die große Pause zu beenden. So nach dem Motto: Maximilian-Leander-Gerrit, kommst du jetzt bitte?

»Lailaaaaaaa!«

Das blutjunge Tier hört natürlich nicht. Es rast von Fahrgast zu Fahrgast und ist der pure Enthusiasmus. Spielen, spielen, willst du mit mir spielen? Oder du? Oder du?

»Laihilaaaaaaa!«

Eigentlich müsste man den Singsang des Pärchens mit einem Fragezeichen wiedergeben. »Lailaaaaaaa? Laihilaaaaaaa?« Es klingt, als seien sie sich absolut nicht sicher, ob sie überhaupt das Recht haben, den Hund zwecks Anleinens zu sich zu rufen. Unsicher hält das bullige, aber milchgesichtige Herrchen die Leine in der Hand. Das Frauchen mit Nasenpiercing und pink gefärbten Strähnchen im Haar knetet verschämt seine Daumen.

»Lailaaaaa!«

Vorm Tresen steht ein Mann, der den Vogel abschießt. Hawaiihemd, kniefreie Shorts, Socken in Sandalen und dazu: ein Aktenköfferchen. Ich will ihn gerade fragen, ob er irgendwo vermisst wird, da trägt er schon selbst sein Anliegen vor.

»Ich muss sichergehen, dass der D 4ZJ am 31. Dezember pünktlich ankommen wird. Bescheinigen Sie mir das bitte!«

Ein paar Schritte hinter ihm gerät ein Mann im grauen Anzug leicht ins Straucheln, nachdem die Hündin ihn mit 32 km/h touchiert hat. Eine Mutter hebt schnell ihr kleines Mädchen aus dem Bereich der Rennstrecke.

»Lailaaaa!«

Ich überlege.

Der D 4ZJ?

Was ist das denn?

Der Kunde im Hawaiihemd legt den Aktenkoffer auf die Theke, dreht die Zahlenräder in die richtige Kombination, knipst ihn auf und holt ungeduldig die Papiere für seine Reise in zwei Monaten heraus. Dabei sieht er mich an wie einen Fleischereifachverkäufer, der nicht mal weiß, was eine Pfeffersalami ist. Oder einen Berater am Infostand des Baumarkts, der noch nie im Leben von Tischkreissägen gehört hat.

Laila rennt derweil in den Eingang des großen Buchladens gegenüber und klettert mit den Vorderpfoten an den Kunden empor. Zeig mir dein Buch! Zeig mir dein Buch! Frauchen und Herrchen rufen verzweifelter, bleiben aber wie angewurzelt stehen. Wahrscheinlich haben sie irgendwo gelesen, dass man an Autorität verliert, wenn man dem Tier nachläuft. Ihre Stimmen klingen trotzdem weiter wie ein reformpädagogisches Flehen.

»Lailaaaa!«

Das Hawaiihemd präsentiert mir einen Reiseplan von Düsseldorf nach Moskau für den 29. Dezember. Mit dem ICE 541 nach Berlin Ostbahnhof, dann Eurocity 43 bis Warschau. Dort in den D 10 nach Russland. Der Witz ist nun: Der berüchtigte D 4ZJ, dessen pünktliche Ankunft er von mir garantiert haben möchte, ist ein Zug, der überhaupt erst in Moskau abfährt und dann zwei Tage quer durch Eurasien zuckelt. Natürlich. Jetzt weiß ich, wo ich die Nummer schon mal gehört habe. Die transsibirische Eisenbahn von Moskau nach Peking. Auch ihre Stopps sind in den Papieren des Mannes aufgelistet. Ich lese mir die Ortsnamen durch. Es klingt wie die Mischung aus einem James-Bond-Film und Worten, die in finsteren Fantasyschinken mit dunkler Stimme von faltigen Dämonenfürsten geäußert werden. Oder von bereits blutverschmierten Helden, die mit dem Schwert in der Hand auf dem Pferd sitzen und sagen: »Ich kann euch nicht befehlen, mit mir zu kommen. Aber ich muss diesen Weg gehen.«

Quer über den Swerdlowsk-Pass nach Omsk und Nowosibirsk. Durch den Krasnojark-Pass nach Irkutsk. Über Dijda und Darchan nach Ulan-Bator. Und weiter. Immer weiter, quer durch Sibirien und die tiefste Mongolei.

Das Hawaiihemd wartet ab, bis ich ausgelesen habe und meine Augen am Ziel der Reise angekommen sind.

»Geplante Ankunft in Peking am 31. Dezember: 14:04 Uhr«, lese ich laut vor, damit auch Annika neben mir es hört und ich sichergehen kann, keine Halluzinationen zu haben.

Das Hawaiihemd nickt.

»Und die soll ich Ihnen jetzt bescheinigen?«

Annikas Mundwinkel zittern vor aufkommendem Lachen, doch sie tut so, als würde sie besorgt und konzentriert die tobende Hündin beobachten. Ganz unnötig ist das nicht. Eben hat das Tier aus Versehen die Tüte eines Kunden zerfetzt. Ein paar bunte Taschenbücher purzeln heraus.

»Lailaaaa!«

Ich sage: »Also selbst, wenn ich in die Zukunft sehen könnte, kann ich Ihnen hier wirklich nicht die pünktliche Ankunft eines sibirischen Zuges bescheinigen.«

Ich suche auf dem Ausdruck nach der Gesamtzeit und versuche, es mir vorzustellen. 132 Stunden und 29 Minuten im Zug. Wer das auf sich nimmt, statt einfach ein Zehntel der Zeit zu fliegen, will doch *reisen* und nicht einfach nur irgendwo ankommen wie einer, der mal eben mit dem RE nach Duisburg rauscht. Wer die transsibirische Eisenbahn bucht, hat doch Zeit. Ist ein Abenteurer. Eigentlich. Der Mann vor mir ist aber keiner. Er ist die Steigerung des Kundentyps Taubenzüchter. Man kann kaum ein Wort dafür finden. Vielleicht Albatroszüchter?

»Sie bescheinigen mir das jetzt, sonst stelle ich einen Antrag auf Schadensersatz!«

»Sie wollen Schadensersatz für die Verspätung eines Zuges durch Sibirien, der erst in zwei Monaten fährt?«

»Ja. Also nein. Ich will zumindest schon mal den Antrag. Das Formular!« Ich wende mich an Annika und frage, so ernst ich kann: »Sag, die Standardformulare für Verspätungen russischer Züge nach China, haben wir die hier oder kriegt man die nur im Reisezentrum?«

Bevor sie antworten kann, motzt der Mann: »Verarschen kann ich mich selber!«

Ich rücke seine Papiere gerade und sage: »Im Ernst. Das können Ihnen, wenn überhaupt, nur die Russen bescheinigen. Und dafür wäre es tatsächlich schon zu spät. Anfragen, ob Züge pünktlich sein werden, müssen in der Russischen Föderation mindestens drei Monate vorab gestellt werden.

Sollte der Zug zum Jahresende erst nach 132 Stunden und 34 Minuten ankommen, müssen Sie eine Beschwerde vor Ort anbringen. Also auf der Rückfahrt dann wieder. Im Hauptbahnhof Moskau. Weil: russisches Bahnunternehmen. Dazu bringen Sie am besten aus Peking eine Regenbogenfahne mit, fragen nach Pussy Riot und lassen am Service Point ein paar Flüche über Herrn Putin ab, so wie man hier gern nett beim Kaffee zum Mitnehmen über die Frau Merkel und den Herrn Schäuble flucht. Sprechen Sie überhaupt Russisch?«

Der Mann packt seine Papiere in den Koffer, zieht ihn von der Theke und zupft sein Hawaiihemd gerade. Die Hündin ist wieder aus dem Buchladen raus und gleich rein in die Selbstbedienungsbäckerei, in der Sauberkeit großgeschrieben wird. Mit chirurgischer Präzision dringen die Kunden dort ins Innere der mit Kunststoffglasklappen geschützten Brötchenfächer ein, während die Hündin, sich fröhlich schüttelnd, ihre Haare in der Luft verteilt. Frauchen und Herrchen stehen weiter in eiserner Konsequenz mittig im Foyer und flehen.

»Lailaaaa!«

Wie war das? Wahnsinn ist, immer dasselbe zu tun und auf ein anderes Ergebnis zu hoffen?

Mister Hawaiihemd verabschiedet sich mit den Worten: »Das hat Konsequenzen!«

Ich frage den nächsten Kunden, der bereits vorm Tresen steht: »Wollen Sie auch nach Peking?«

»Nein, nur nach Paderborn.«

Zehn Minuten später haben die Hundebesitzer ihre Laila immer noch nicht eingefangen, aber notgedrungen ihren Standpunkt verlassen. Es bleibt ihnen auch nichts anderes übrig. Die flotte Hündin ist zu weit hinein in den Gleistunnel gerannt.

Zwei junge Männer streunen derweil durch die wuselnde Menge nahe den Fahrkartenautomaten und sprechen jeden an, ob er oder sie sich nicht gerne gemeinsam mit ihnen ein Gruppenticket teilen möchte. Sie sind so schlaksig wie groß und haben Skateboards unter die Arme geklemmt, die so lang sind, dass sie gar nicht mehr Skateboards heißen. Ich glaube, man nennt sie Longboards. Es sind eher Verkehrsmittel als Spielzeuge.

»Fahren Sie auch nach Köln?«, fragt der langhaarige Blonde der beiden eine junge Frau, die gerade im Begriff ist, sich ein Ticket zu ziehen.

»Nein«, antwortet sie kurzsilbig.

»Und Sie?«, sprechen sie einen älteren Herrn daneben an.

»Lassen Sie mich in Ruhe.«

»Ah. Sie fahren also nach Köln!«

»Ich sagte, lassen Sie mich in Ruhe.«

»Sie wissen aber, dass ein Einzelticket viel teurer ist, oder? Warum tun wir uns nicht zusammen?«

Sein Kumpel stellt sich derweil Lailas Menschen in den Weg: »Stopp mal eben, ihr beiden! Fahrt ihr nach Köln? Das wäre nämlich voll gut, dann wären wir zu fünft, und ...«

»Nein«, antworten sie und recken die Köpfe über des Longboarders Schulter. »Wir müssen zu unserem Hund!«

»Tiermitnahme macht das Ganze nicht teurer! Hauptsache Gruppenticket!«

Ich tippe Annika auf die Schulter, um anzuzeigen, dass ich mich mal eben um die Gruppenwütigen zu kümmern habe. Sie sind auf ihre Art genauso anstrengend wie die Taubenzüchter, auch wenn Pünktlichkeit ihnen vollkommen egal ist. Lieber wieseln sie auf der Suche nach Mitfahrern den halben Tag lang um den Fahrkartenautomaten herum, als dass sie jeder für sich ein Ticket ziehen. Annika nickt wortlos, um anzuzeigen, dass sie verstanden hat. Sie hat gerade selber mit einer Kundin zu tun. Die Frau hat einen Ordner mitgebracht und schlägt ihn entschlossen auf.

»So, hier ist der Schriftverkehr«, sagt sie.

Ich gehe rüber zu den Beach Boys mit den langen Brettern.

»Verzeihung«, sage ich. »Wollte nur eben mitteilen, dass der Buchladen gegenüber eine neue Aktion gestartet hat. Sie heißt Gruppenroman. Dazu stellt ihr euch in die Nähe der Kasse, beobachtet, was die Leute kaufen, und wenn es euch gefällt, fragt ihr sie, ob ihr mitlesen dürft. Oder ob sie euch das Buch leihen, wenn sie damit durch sind.«

Für einen kurzen Moment schauen die beiden mich an, als gäbe es die Aktion wirklich. Als wären endlich alle Menschen auf der Welt zur Vernunft gekommen. Schließlich merken sie, dass ich sie aufziehe.

Der Blonde zeigt auf den Automaten: »Dafür ist das Gruppenticket doch da!«

»Ja«, sage ich, »wenn man schon in der Gruppe zum Bahnhof kommt. Deswegen heißt es Gruppenticket. Wäre es anders gedacht, hieße es *Anquatschticket*.«

»Oh ja, das ist auch soòo schlimm, dass wir hier ein paar Leute fragen!«

Aus der Tiefe des Gleistunnels höre ich ein fernes »Lailaaaa!«.

»Könnt ihr euch vorstellen, dass die Leute es nicht mögen, angesprochen zu werden? Dass es ihnen unangenehm ist?«

»Aber das spart doch!«

»Ja, und dann muss man mit völlig Fremden zwangsweise zusammensitzen, darf niemanden aus den Augen verlieren und hat sich dem Häuptling unterzuordnen, der das gemeinsame Ticket in der Tasche hat. Ganz toll.«

Der Blonde mustert mich verächtlich von Kopf bis Fuß, als sei ich persönlich daran schuld, dass es mit der Welt nicht vorangeht.

»Heutzutage muss man in dem Puff hier einen Euro bezahlen, um aufs Klo gehen zu dürfen!«, schimpft er.

»Da hätte ich eine Lösung«, sage ich. »Einfach vor das Drehkreuz mit dem Schlitz stellen, warten, bis einer kommt, und ihn fragen, ob man sich nicht einfach die Kabine teilen soll. Müsst ihr nur spätabends aufpassen, da könnte das leicht missverstanden werden.«

Die schlaksigen Berufsjugendlichen schütteln den Kopf, legen ihre Bretter vor sich auf den Boden, steigen drauf und rollen aus dem Bahnhof. Dann fahren sie also lieber gar nicht nach Köln. Man muss ja auch nicht jeden Tag auf der Domplatte herumskaten. Auf ihrem Weg nach draußen weichen sie zwei Sicherheitsleuten aus, die mich grüßen und sagen, sie seien in Eile, es gelte, auf Gleis 9 einen Hund einzufangen.

Ich bekomme Lust auf eine Raucherpause, bemerke aber, dass Annika mit der Aktenordner-Kundin leicht überfordert ist. Ohne meine wohlverdiente Dosis Nikotin kehre ich hinter den Tresen zurück und schaue mir die Papiere an. Ein Schriftverkehr zwischen der Kundin und dem Servicecenter Fahrgastrechte. Die Frau wollte von Düsseldorf nach Wesel und nahm sich ab Oberhausen ein Taxi, das sie erstattet bekommen möchte. Dem ausgefüllten Formular hat die Frau ein Schreiben beigelegt:

»Sehr geehrte Damen und Herren,

beiliegend übersende ich das ausgefüllte Fahrgastrechte-Formular unter Beifügung der Fahrkarte und der Taxiquittung und möchte noch Folgendes ausführen: Anlass für das Abbrechen der Weiterfahrt und Ausstieg in Oberhausen war ein Güterzugunglück, was sicher nicht vorhersehbar ist. Was ich jedoch bemängele, ist, dass keinerlei Organisation erkennbar war, z.B. Informationen zum Weiterkommen zu dem jeweiligen Endziel oder Angebote mit Bussen. Es war ein hilfloses Durcheinander. Mir blieb keine andere Möglichkeit, als mit dem Taxi nach Wesel zu fahren. Ich bitte daher um entsprechende Entschädigung.«

Aha, denke ich mir im Stillen, früher hieß das Endziel Weltreich Germania, heute heißt es Wesel. Wer diesen Bahnhof einmal gesehen hat, weiß, dass es dort kaum weniger dämonisch zugeht. Die Frau wendet sich augenblicklich an mich und schiebt Ordner wie Papiere aus Annikas Sichtfeld. Sie gehört zu den taffen Frauen, die grundsätzlich alles ganz emanzipiert selber regeln, ihre Geschlechtsgenossinnen aber nur zurate ziehen, wenn es gar nicht anders geht. Zu ihrem Ärger hat ihr aus dem Servicecenter Fahrgastrechte dann auch eine Frau zurückgeschrieben.

»Sehr geehrte Frau Wielandt,

vielen Dank für Ihre Mitteilung. Für die Ihnen entstandene Verspätung auf Ihrer Reise von Düsseldorf Hbf nach Wesel am 03.09. entschuldigen wir uns im Auftrag der DB Regio AG. Verspätungen können aufgrund der Komplexität des Eisenbahnbetriebs leider nicht immer vermieden werden. Wir haben den Sachverhalt geprüft und kommen zu folgendem Ergebnis:«

Auf dem Blatt folgt nun eine Tabelle mit der Länge der Verspätung (14 Minuten) und einer Spalte mit Erklärungen, warum Frau Wielandt die 63 Euro für das Taxi von Oberhausen nach Wesel nicht erstattet bekommt. Keck steht in dem Kästchen für Entschädigung: 0,00 €.

»Wir bedauern die Ihnen entstandenen Unannehmlichkeiten und bitten Sie gleichzeitig um Verständnis, dass in Ihrem Fall keine Entschädigung gezahlt werden kann. Nachfolgend möchten wir Ihnen unsere Entscheidung erläutern: Die Kosten für die Nutzung eines alternativen Verkehrsmittels zum Zielbahnhof der Fahrkarte werden bis maximal 80,00 € erstattet, wenn der letzte Zug des Tages ausfällt bzw. wegen Verspätung nicht mehr erreicht werden kann. Gemäß den Beförderungsbedingungen besteht im Rahmen der Fahrgastrechte kein Anspruch auf Erstattung Ihrer eingereichten Kosten/Belege. Ab einer Verspätung von 60 Minuten am Zielbahnhof besteht Anspruch auf eine Entschädigung. In Ihrem Fall lag die Verspätung am Zielbahnhof der Fahrkarte unter 60 Minuten.
Mit freundlichen Grüßen,
Nadine Bohrmann.«

»Ist das zu fassen?«, fragt mich Frau Wielandt.
Ihr Blick spricht Bände.
Bände der Verbitterung.
Sie tippt auf ein zweites Schreiben, in dem sie dem Servicecenter auf dessen Schreiben hin geantwortet hat.

»Sehr geehrte Frau Bohrmann,

mit Verwunderung habe ich Ihr Schreiben vom 26. des Monats erhalten, worauf Sie auf meinen Antrag vom 12.09. antworten. Wenn Sie den Inhalt meines Schreibens lesen, werden Sie feststellen, **dass es nicht um die Verspätung eines Zuges geht**, womit Sie argumentieren. Der von mir am 03.09. in Anspruch genommene Zug von Düsseldorf nach Wesel hatte in Oberhausen ›Endstation‹, weil ein Güterzug verunglückt war. Es bestand demzufolge überhaupt keine Möglichkeit, von Oberhausen mit dem Zug nach Wesel zu kommen, da die Strecke blockiert war. Wie Sie meinem Schreiben entnehmen können, stellte ich fest, dass ein solches Unglück nicht vorhersehbar ist. Meine Beschwerde lautet, dass es in Oberhausen absolut keine Information oder Hilfe gab, wie denn nun ein Weiterkommen möglich sei. Es standen sehr viele Fahrgäste hilflos da, keinerlei Busse in Sicht. Es gab also für mich keine andere Entscheidung, als mit dem Taxi die Heimfahrt anzutreten. Ich erwarte daher Ihrerseits Entgegenkommen und eine entsprechende Entschädigung.«

Frau Wielandt fragt: »Durch?«
Ich nicke.
Sie schiebt das Blatt mit der erneuten Antwort des Servicecenters Fahrgastrechte über das eben Gelesene. Die Kollegin aus Frankfurt schreibt:

»Sehr geehrte Frau Wielandt,

wir bedauern außerordentlich, dass Sie mit unserer Antwort nicht zufrieden sind. Der Sachverhalt wurde ausgiebig geprüft und wir sind zum gleichen Ergebnis gekommen.«

Es folgt die Tabelle vom letzten Mal. 14 Minuten, null Euro.

»Wir bedauern die Ihnen entstandenen Unannehmlichkeiten und bitten Sie gleichzeitig um Verständnis, dass in Ihrem Fall keine Entschädigung gezahlt werden kann. Nachfolgend möchten wir Ihnen unsere Entscheidung erläutern: Die Kosten für die Nutzung eines alternativen Verkehrsmittels zum Zielbahnhof der Fahrkarte werden bis maximal 80,00 € erstattet, wenn der letzte Zug des Tages ausfällt bzw. wegen Verspätung nicht mehr erreicht werden kann.«

Das stand ebenfalls schon im ersten Schreiben. Macht aber nichts. Schon Cicero und Caesar wussten: Sag es einfach oft genug und die Leute werden es irgendwann glauben. Aber da, da kommt noch was Neues.

»Es besteht kein Anspruch auf eine Erstattung der nicht genutzten Teilstrecke, da es keinen Preisunterschied zwischen genutzter Strecke und Gesamtstrecke laut Fahrkarte gibt.«

Und jetzt wird's wieder vertraut:

»Ab einer Verspätung von 60 Minuten am Zielbahnhof besteht Anspruch auf eine Entschädigung. In Ihrem Fall lag die Verspätung am Zielbahnhof der Fahrkarte unter 60 Minuten.«

»Ist das zu fassen?«, sagt Frau Wielandt erneut, die ebenfalls die Kunst der Wiederholung beherrscht. »Die verstehen nicht mal, was ich ihnen schreibe! Das wäre so, als hätte ich mir beim McDonald's Salmonellen eingefangen, verklage nachträglich den Laden und bekomme zur Antwort: Wir bedauern, dass Sie mit dem Essen nicht zufrieden waren. Anspruch auf Erstattung besteht allerdings nur, wenn am Tag des Besuchs nicht aufgegessen wurde.«

Der Vergleich gefällt mir.

Trotzdem muss ich fragen: »Und was soll ich jetzt machen?«

Sie nestelt die Taxiquittung aus dem Ordner: »Auszahlen!«

»Die Taxikosten?«

»Ja, sicher.«

»Hier und jetzt. In bar?«

»Ja, spreche ich denn Chinesisch? Sind Sie denn bei der Bahn alle in der Förderschule gewesen?«

»Ich könnte Ihnen das jetzt auszahlen«, sage ich, »aber nur aus eigener Tasche. Dann müsste ich heute Abend zwei Überstunden dranhängen.«

»Dann machen Sie das!«

»Öh. Das war ein Scherz?«

In meinem Blickfeld erscheint das Pärchen mit der bewegungsfreudigen Hündin Laila. Sie ist endlich im Geschirr. Aufgeregt zerrt sie an der Leine und springt beim Laufen vom Bahnhofsboden auf und ab wie ein Flummi.

Frau Wielandt packt ihre Papiere zusammen. Zornig schließt sich der Ordner. Sie geht. Im Stechschritt überholt sie Lailas Frauchen und Herrchen und wirft dabei einen abschätzigen Seitenblick auf die pinken Strähnchen und die Jogginghose.

Ich gieße mir einen Kaffee ein. Annika schüttelt die Schneekugel auf.

In der Mitte des Foyers angekommen, dreht Frau Wielandt wieder um und stapft zurück auf den Tresen zu.

»Wissen Sie was? Sie kopieren das jetzt einfach alles

und schicken es an eine Stelle, die mir mein Geld zurückzahlt.«

Ihre Hartnäckigkeit imponiert mir, auch wenn ich nicht so genau weiß, welche Stelle das wohl sein könnte.

»Okay«, sage ich, öffne den Ordner, nehme die Blätter heraus und ziehe sie gemütlich über unseren ohnehin viel zu selten genutzten Kopierer. Im beruhigenden Blitzlichtrhythmus des Geräts denke ich darüber nach, wem ich den Vorgang wohl schicken könnte. Nun denn, irgendeine Stelle wird sich schon finden lassen. Irgendwie bekomme ich gerade Ehrgeiz. Als die surrende Ozonschleuder mit dem Vervielfältigen fertig ist, hefte ich die Blätter wieder in den Ordner.

»Und jetzt bescheinigen Sie mir noch bitte, dass Sie den Vorgang entgegengenommen haben.«

Ich grinse meinen Schorsch und hole den Riesenstempel heraus.

»Käse-Schinken-Croissant?«, frage ich Annika, während wir Frau Wielandt einen Moment später nachsehen.

»Nur Schinken«, antwortet sie.

Am Eingang flucht Frau Wielandt, da ihr zwei Mittzwanziger mit ihren meterlangen Brettern auf dem Vorplatz fast über die Füße fahren.

Die Waschmaschine

🚂 Manch ein Mensch mag ja ein Jäger sein, doch die meisten sind heute Sammler. Wenn ich morgens quer durch die Stadt zur Arbeit laufe, weil mich der Hafer sticht und ich auf dem Weg Zeit finde, in der guten frischen Luft unterwegs in aller Ruhe ein paar zu rauchen, sind zum Beispiel stets die Sperrmüllwühler unterwegs. Unermüdlich tragen sie die riesigen Berge aus alten Möbelteilen, Plastikhängeschränken fürs Bad, zerbrochenen Schaukelpferden, Teppichresten und Krimskramskisten ab, bis aus den Bergen winzige Trümmerfelder geworden sind. Der Bahnhof wiederum ist nicht nur ein Eldorado für die Pfandsammler, die unser Unternehmen sogar bei längerem Halt eines Regionalzuges durch die Waggons streifen lässt, um vor der Abfahrt schnell die kleinen Müllbehälter mit den stählernen Deckeln an den Sitzen auf Leergut zu überprüfen. Klipp, klapp. Klipp, klapp. Nein, der Bahnhof dient auch anderen Sammlern als Rohstoffreservoir. Zum Beispiel Frau Steegmann. Sie interessiert sich nicht für das Mülleimerloch mit dem Altglas darin, sondern für die Öffnung daneben. Frau Steegmann sammelt alte Zeitungen. In Teilen oder in Gänze zieht sie das teils zusammengeklappte, teils zerknüllte Papier aus den Tonnen, schüttelt es aus, faltet es, streicht es auf dem Boden glatt. Magazine will sie nicht haben. Da kann ein fast fabrikneuer *SPIEGEL* oder *stern* vor ihr auf dem Boden liegen, nach dem sich sogar ein minder spleeniger Fahrgast bücken würde – will sie nicht haben. Frau Steegmann braucht Druckerschwärze auf Recyclingpapier. Tageszeitungen, Wochenzeitungen. Die stopft sie in riesige Plastiktüten und trägt am Ende des Tages fünf bis zehn Kilo gelesene Zeitungen davon, mehrere doppelt. Ein Briefmarkensammler würde sagen: »Ach, dieses Stück habe ich schon.« Nicht so Frau Steegmann. Sie muss irgendwann mal ein einschneidendes Erlebnis gehabt haben in ihrem Leben.

Während sie an der Mülltonne gegenüber sammelt und womöglich gerade die Zeitungen erwischt, in denen die Artikel über den Radschläger stehen, nähert sich ein anderer Stammgast dem Tresen. Frau Brüggemann. Sie ist das Gegenteil von Frau Schmitz, die jeden Morgen nach Garath fährt und vor fünfzehn Jahren ihren Koffer verlor. Frau Brüggemann hat den Gepäckservice der Bahn damals ebenfalls genutzt, nach dem Verlust ihres Koffers das gute Stück allerdings fünf Tage später wiederbekommen. Seither bringt sie mindestens einmal im Quartal Schokolade.

»Frau Brüggemann!«, begrüße ich sie freudig.

Sie grüßt zurück und packt ihre Tüte aus. »Schöne Schneekugel«, sagt sie, während sie die Leckereien auf dem Granitstein verteilt. Frau Brüggemann bringt niemals 08/15-Schokolade. Sie besorgt nur das Beste und Seltene.

»Hier haben wir Vollmilch mit getrockneten Erdbeeren. Hier Zartbitter mit Rhabarber. Und hier achtzig Prozent mit Chili. Das sind ganz besondere Schoten aus den Hochebenen von Ecuador. Was für Sie, Herr Schorsch.«

SPÄTSCHICHT

Sie guckt auf die Tafel und will, dass ich probiere. Ich rauche zwar, trinke Kaffee in Gallonen und sehe so aus, als wäre ich fähig, im Dschungel geröstete Taranteln zu verspeisen, kann scharfes Essen allerdings gar nicht gut vertragen. Aber man will ja keine Frau Brüggemann verprellen. Ich öffne die Tafel, breche ein Stück ab und stecke es in den Mund. Annika probiert derweil Rhabarber, stupst mich an und deutet wortlos auf eine kleine Frau mit Filzhut, die im Stechschritt die Vorhalle betritt. Wenige Schritte dahinter schiebt ein Mann ihr auf einer Sackkarre eine blütenweiße Waschmaschine hinterher. Da er keine Firmenkluft trägt, muss das ihr Sohn sein.

Die Chilischokolade fängt an, zu wirken. Man muss dazu wissen, dass »scharf« im Gegensatz zu »süß«, »salzig« oder »bitter« keinen Geschmack im engeren Sinne darstellt. Empfindet der Mensch »scharf«, spürt er im Grunde nur Schmerzen durch verschieden starke innere Verbrennungen. Und die Schoten aus der Hochebene von Ecuador erfordern eigentlich eine Feuerwehr. Ich lasse mir nichts anmerken, lächele tapfer und hebe den Daumen, während mir der Schweiß zwischen den Haaren aus der Schädelplatte tritt.

»Wusste ich's doch, dass das was für Sie ist!«, freut sich Frau Brüggemann. Annika bedankt sich verbal. Ich bedanke mich, indem ich bei geschlossenem Mund nicke, um das Höllenfeuer nicht in die Welt entkommen zu lassen. In meinem Inneren klettern Dämonen mit Dreizacken die blutroten Wände hinauf und perforieren Speiseröhre, Brustkorb und Gedärm.

Die Frau, die ihren Sohn eine Waschmaschine durch den Bahnhof zerren lässt, dreht in der Mitte der Halle ab und hält auf unseren Tresen zu. Der Sohn bleibt stehen und setzt die Maschine ab. Mitten in der Halle. Er schaut sich um. Halb, als sei ihm alles hochnotpeinlich und als befände er sich in einem Albtraum, in dem er im Foyer des Hauptbahnhofs ausgesetzt wurde, nur mit einem umgehängten Holzschild bekleidet, auf dem steht: *Pendler, eure Armut kotzt mich an!*

Halb, als kenne er solche Situationen mit der lieben Mutter schon und begänne nun damit, sorgsam die Lage zu sondieren. Kaum steht er dort im Zentrum des Gewusels, zieht die Waschmaschine die Menschen an. Zwei Halbstarke laufen mit ausladenden, wippenden Schritten einmal um das Gerät und seinen Bewacher herum. Ein älteres Ehepaar scheint ihm zu der Qualitätsware Komplimente zu machen. Frau Brüggemann verabschiedet sich. Schnell greife ich nach einer Flasche Wasser und trinke sie aus. Annika hebt ihrerseits ein Stück Zartbitter-Rhabarber in die Höhe. »Probleme?« Sie lacht.

Ich ringe um Luft.

Manchmal hätte es doch Vorteile, wie der kleine Prinz auszusehen statt wie ein Fremdenlegionär. Man bekäme nur süße Schokolade geschenkt.

Die Mutter des Waschmaschinensohnes hat derweil unseren Tresen erreicht. Er reicht der alten Dame bis zum Kinn. Also, der Tresen, nicht der Sohn. Die Frau hat einen kantigen Kopf, wie aus dem Fels gehauen. Große, altmodische Brille, falscher Pelzmantel und Ringe an jedem Finger. Ihre Stimme klingt laut und zugleich blechern, als spräche sie durch einen Tunnel aus hintereinandergelegten Waschtrommeln. Sie lehnt sich mit dem rechten Arm auf den Tresen, was bei ihr bedeutet, den Arm auf Höhe ihres eigenen Ohres abzulegen, beugt sich zu mir und zeigt mit der linken Hand in die Mitte der Bahnhofshalle.

»Guten Tag. Kann ich eine Waschmaschine im ICE als Handgepäck mitnehmen?«

Sie schaut zu mir und auch kurz zu Annika, doch die tut schnell so, als müsse sie etwas notieren. Sie freut sich schon darauf, was der Andreas wohl jetzt mit dieser Frage macht. An der Waschmaschine bittet ein schmaler Mann im Rollkragenpullover den Sohn meiner Kundin voller Enthusiasmus, doch kurz die Tür der Trommel zu öffnen.

Ich schmatze einmal unauffällig, um zu prüfen, ob meine verbrannte Zunge überhaupt wieder einsatzfähig ist, schlucke ein paar letzte, vom Löschwasser pitschnasse Dreizack-Dämonen und sage: »Das ist ja Wahnsinn!« Ich kneife die Augen zusammen, als könne ich nicht fassen, dass wir von *dieser* Maschine dort hinten reden. »Wie haben die klugen Köpfe von Miele *das* denn geschafft?«

»Was?« Sie runzelt die Stirn. Es entstehen Furchen im Felsenkopf.

Ich zeige zum Haupteingang: »Oder ist die von AEG? Von Bosch?«

Die Frau antwortet so laut, dass es noch die Wartenden auf Gleis 18 hören können: »Nee! Die ist von der Margret!!!«

Annika unterdrückt ein Kichern. Dabei bin ich derjenige mit den gehässigen Gedanken im Kopf. Man nennt eine alte Dame nicht Felsenkopf, auch nicht innerlich. Ich muss darauf achten, was ich denke, hat Annika mir neulich erklärt. Das steht auch in ihren Lebensratgebern. Die Erkenntnisse dieser Bücher, auf denen meistens Schneckenhäuser, Wasserlilien oder tibetanische Mönche abgebildet sind, versucht sie stets, für mich in meine Sprache zu übersetzen.

»Böse Gedanken sind wie Viren auf der Festplatte«, sagt sie dann, oder auch: »Ein bisschen Lästern ist wie fünf leichte Lucky Strike am Tag, aber echte Boshaftigkeit ist eine Reval ohne Filter.« Wenn's also zu böse wird, soll ich innerlich auf Stopp drücken, sonst gibt's schlechtes Feng-Shui im Schädel.

Die kleine Frau vor der Theke krakeelt weiter: »Die Margret braucht ständig was Neues. Alle drei Jahre ein neues Auto. Alle vier Jahre einen neuen Fernseher. Alle fünf Jahre eine neue Waschmaschine. Irgendwo muss das Geld vom Eddie ja hin, nicht wahr?« Sie lacht einen steinernen Husten. Schleim auf Fels. Annika verzieht das Gesicht, bleibt aber sehr interessiert. Ihren eigenen Kunden, die nach ermüdend einfachen Verbindungen fragen, hört sie nur mit halbem Ohr zu und gibt ihnen mit einer Hand beiläufig die Ausdrucke.

»Der Eddie war der Mann von der Margret. Der zählt längst die Radieschen von unten.«

Ich nicke. »Aha. Und die Margret hat Ihnen jetzt eine Waschmaschine vermacht, die auf Knopfdruck schrumpfen kann? Ich meine, normal passt ja gerade mal die Trommel oben auf die Ablage oder unten zwischen die Sitze. Aber da muss ja auch ein bisschen Technik drumherum bleiben, damit es zu Hause wieder wäscht und dreht und schleudert. Oder, ach, jetzt verstehe ich das: Ihr Sohn baut das Gerät vor der Abfahrt auseinander! Das ist doch Ihr Sohn da hinten, oder?«

Die Frau dreht sich verärgert um, als müsse sie es selber noch mal überprüfen. Ihr Sohn hat mittlerweile die Tür der Waschmaschine geöffnet. Der schmale Mann im Rollkragenpullover steckt umgehend seinen Kopf rein.

»Der Carsten, der macht alles für mich. Der hat die Maschine von der Wohnung von der Margret bis hierher zum Bahnhof gerollt.«

Ich schaue rüber zum Carsten. Der schmale Mann zieht seinen Kopf wieder aus der Maschine und führt fürderhin ein reges Gespräch über ihr Innenleben. Nicht wie ein Techniker, eher wie ein Kunstinteressierter. So funktioniert Kunst schließlich, wenn der Künstler sich keine Arbeit machen will. Er nimmt ein Objekt A aus der Umgebung, wo es eigentlich hingehört, und stellt es an Ort B, wo es auf keinen Fall jemand erwartet. Schon ist es eine Installation. Ist ja auch besser, als sich monatelang beim Bemalen einer Kapelle über Kopf den Rücken kaputtzumachen.

Carsten antwortet dem Kunstkenner kurzsilbig und wirft hin und wieder einen Blick zu uns an den Tresen, wo er seine Mutter mit mir diskutieren sieht. Er wirkt nicht unbedingt so, als sei er von ihrem Anliegen überzeugt.

Ich beschließe, sachlich zu werden.

»Handgepäck darf nur so groß sein, dass es oben auf die Ablage oder zwischen die Sitze passt.«

»Ha!«, sagt die kleine Frau und schießt mir ihren goldringummantelten Zeigefinger entgegen wie einen Krummspeer. »Und was ist mit den riesigen Rollkoffern, die die Leute immer im Restaurant abstellen?«

»Das ist eine schöne Formulierung mit den vielen Rs«, antworte ich, »riesige Rollkoffer im Restaurant. Die muss ich mir merken.« Annika ist derweil so freundlich und notiert sie schon. »Aber die riesigen Rollkoffer im Restaurant sind nicht rechtens.«

»Aber die passen dahin! Hinten, wo die letzte Sitzgruppe ist, und dann kommt die Garderobe. Da passen die hin!«

»Da passt *einer* hin, höchstens. Und das ist dann meistens der riesige Rollkoffer eines Prominenten, weil die Kollegen im Zug sich nicht trauen, berühmten Menschen etwas zu verbieten. Ist so 'ne deutsche Krankheit. Die Prominenz fährt nämlich nicht erste Klasse, sondern Bordbistro.« Ich überlege, ob ich der Frau ein paar Namen nennen soll, sehe aber davon ab. Es könnten Menschen mithören. Der Rollkragenpullover verabschiedet sich höflich von Carsten und seiner Installation *Waschmaschine in Bahnhofshalle*, doch der gute Sohn findet keine Ruhe. Zwei kleine Mädchen beginnen, auf das Gerät zu klettern. Ein Rudel junger Männer in Heavy-Metal-Kluft streift seine T-Shirts über den Kopf und deutet an, sie mal eben schnell durchschleudern zu wollen.

»Sie passt nicht durch die Tür«, bringe ich das nächste Argument an.

»Wer?«, fragt die Frau und sieht sich hastig um, als liefe hier irgendwo im Bahnhof eine übergewichtige Dame herum, über die sie schnell mal eben lästern könnte. Ihr falscher Pelz macht schreckliche Geräusche, wenn sie sich dreht. Ein künstliches Quietschen, das klingt, als würde jemand im Hochsommer zwischen den muffigen Kleiderbergen einer Trödelhalle stehen und dabei grauenvoll schwitzen.

»Die Waschmaschine«, sage ich. »Sie passt nicht durch die ICE-Tür!«

Die Frau im Quietschpelz legt die Felsenstirn noch stärker in Falten. Jetzt erinnert sie mich an den Steinbeißer aus Michael Endes unendlicher Geschichte. Stopp, denke ich. Stopp, Andreas. Nicht zu gehässig werden. Aufräumen im Inneren. Unauffällig halte ich Annika unter Tresenhöhe meinen rechten Arm hin und lasse mich von ihr kneifen.

Das haben wir so abgemacht, wenn ich gedanklich zu boshaft werde. Kneifen gegen Kopfviren. Vielleicht sollte ich ihr einfach irgendeine Bescheinigung anbieten.

Die kleine Frau überlegt und stößt mir erneut ihren Zeigefinger entgegen: »Aber im Regionalzug! Fahrradwagen! Ha! Da passt sie durch die Tür!«

»Wo wollen Sie denn überhaupt hin?«

»Nach Berlin, Ostbahnhof. Das wäre ja Schwachsinn, wenn der Carsten mich da mit dem Auto hinfährt. Von hier nach Berlin. Das geht mit dem Zug viel schneller. Ich fahre immer mit dem Zug, wenn ich meinen Sohn besucht habe. Oder die Margret. Und die Margret sagt auch immer: Ja, Trude, du hast recht, es geht alles, wenn man will. Und ich sag das meinem Sohn, wo ich kann. Muss ihn ständig daran erinnern. Carsten, sage ich immer, Carsten, es geht alles, wenn man will.«

Annika lässt meine Unterarmhaut los und gibt weiter blind Verbindungen aus. Ich tippe gemütlich *Düsseldorf – Berlin ohne ICE und ohne IC* in meine Eingabemaske und teile der entschlossenen Dame mit, wie lange sie in diesem Fall unterwegs wäre und wie oft sie dabei umsteigen müsste – samt ihrer »handlichen« Waschmaschine.

»Ach«, sagt sie, und es klingt mehr wie »moach!«. Ein Laut der verächtlichen Ablehnung. Dazu passt, wie sie sich von der Theke wegdreht und abwinkt, als sei ich ein ganz unmöglicher Mensch.

»Davon abgesehen dürfen Waschmaschinen auch nicht im Fahrradabteil mitgeführt werden, selbst wenn sie durch die Tür passen.«

»Dann zahle ich halt für zwei Räder«, schimpft sie und verdreht langsam die Augen. »Eine Waschmaschine ist zwei Fahrräder.«

»Nein, eine Waschmaschine ist eine Waschmaschine.«

Ich schaue wieder zum von Carsten betreuten Gerät. Die Heavy-Metal-Jungs sind ungewaschen weitergezogen, doch statt ihrer steht jetzt ein untersetzter Mann mit Schnauzbart und Karopullover vor Carsten, zeigt auf die Maschine und packt abgegriffene Geldscheine aus.

»Unmöglich«, sagt meine liebe Kundin und lässt die Ringe an den Fingern klimpern. »Unmöglich ist das! Mit Menschen wie Ihnen wäre unser Land nach dem Krieg niemals wieder aufgebaut worden. Das sage ich Ihnen!«

»Werte Dame«, sage ich, »mit Menschen wie mir hätte es erst gar keinen Krieg gegeben. Ich war zwar beim Barras, bin aber zu faul zum Schießen. Große Sauerei das alles. Jeden Tag das Blut vom Revers wischen. Und sogar die Feldbetten muss man ordentlich machen, als wenn es nicht in fünf Minuten wieder mit der Knallerei losginge. Nö, lassen Sie mal. Brauche ich nicht.«

Schmallippig schüttelt sie den Kopf und murmelt: »Der Carsten, der tut alles für mich…«

Ich nehme einen Schluck kalten Kaffee aus meiner Tasse des 1. FC Köln und ernte böse Blicke von vorübereilenden Reisenden. Herrlich, diese Konditionierung. Gemütlich stelle ich den Geißbock wieder ab, schaue die Kundin im Pelz an und sage: »Es gibt da jetzt etwas ganz Neues.«

Langsam weicht der Schatten aus ihrem Gesicht, und neue Hoffnung keimt im Felsengesicht wie junges Edelweiß.

»Ja?«

»Ja. Da kommen Männer zu Ihnen nach Hause, vor die Tür. Egal, wo Sie wohnen, und wenn es sich um den dritten Hinterhof handelt oder eine alte Ziegelei ohne befestigte Zufahrt. Ganz egal. Die Männer kommen, ziehen sich Handschuhe an und nehmen Ihre Waschmaschine mit. In einem großen Transportauto. Und dann fahren sie diese Maschine, wohin immer Sie das wollen. Auch wieder bis vor die Tür. Egal, wo diese Tür ist, und wenn es sich um ein Hausboot ganz hinten am Ende eines schmalen Stegs handelt oder eine alte Burganlage mit Graben. Ganz egal. Das nennt man Paketdienst inklusive Sperrgut. Ist ganz neu, deswegen gibt es auch erst zehn oder zwölf Anbieter.«

Der Schatten schiebt sich wieder über das Felsgestein. Das Edelweiß verdorrt in Sekunden. Ich lasse mich von Annika kneifen.

»Unglaublich«, sagt die liebe Kundin, »dann muss ich also doch wieder den Carsten holen, weil ihr Kerle nur auf Kerle hört. Unglaublich ist das, diese Männerbünde. Das war alles umsonst mit der Alietze. Alles umsonst!«

Sie stapft zum Sohnemann, der dem Schnauzbart mit den Geldscheinen noch schnell etwas zuflüstert und ihn daraufhin wegschickt.

»Die Alietze?«, fragt Annika.

»Alice Schwarzer«, antworte ich.

Angekommen an der Maschine fuchtelt die resolute Pelzmutti wild mit dem Geschmeide vor dem müden Gesicht ihres Sohnes herum und zeigt in meine Richtung. Der Arm bleibt oben, bis der Sohn sich in Bewegung setzt. Mit rollenden Augen kommt er zu uns an den Tresen.

»Es tut mir alles so leid!«

»Wir haben alle Mütter«, sage ich.

Er wirft einen Blick zurück in die Hallenmitte, um zu prüfen, ob die Mutter guckt. Sie guckt. Derweil tritt sie nach weiteren Kindern, die auf oder in die Maschine klettern wollen.

»Tun Sie bitte so, als würden wir jetzt heftig miteinander diskutieren, ja? Bitte!«

Ich überlege kurz, den Mann hängen zu lassen, damit er etwas über die Emanzipation des Mannes von seiner Mutter lernt, aber Annika kneift mich schon von selber. Sie hat ja recht. Der Kunde ist König.

»Und wie?«, frage ich.

»Keine Ahnung«, sagt er. »Hauen Sie zwischendurch auf irgendwelche Blätter, als würden Sie mir Paragrafen der Bahnverordnung zeigen, und ich nehme Sie Ihnen dann aus der Hand und tippe auf eine andere Stelle.«

Ich krame unter der Theke herum und ziehe einen Stapel Schmierpapier hervor. Jede Menge Käsekästchen aus der Nachtschicht. Annika hat mich haushoch besiegt. Mit Schmackes knalle ich dem Mann eines auf die Theke und klopfe darauf herum.

»Danke«, sagt er und tippt ebenfalls. Ich blicke auf. Die Mutter scheint zufrieden zu sein, dass es jetzt losgeht. Der gute Carsten erklärt mir derweil: »Sie hört niemals auf, das können Sie vergessen. Einmal wollte sie eine Rheinfahrt machen, mit so einem Fahrgastschiff, das erst ab fünfzehn Personen aufwärts ablegt. Das war im Oktober, diesiger Tag, wir waren die einzigen Gäste.« Carsten ändert seinen Tonfall, legt seine Nase in Ziehharmonika-Falten und imitiert seinen Mutterdrachen: »Muss gehen! Muss gehen! Alles geht, wenn man will!« Er atmet tief aus. »Ich also zum Kapitän und zahle ihm heimlich die Tickets für dreizehn weitere Gäste. Sie hätten mal sehen müssen, mit welcher Wonne Mutter im Nieselregen auf dem Oberdeck gethront hat.«

Er seufzt schwer.

Ein Hund versucht, in die Waschtrommel zu gelangen, doch sein Herrchen zieht ihn schnell weg, als er den Blick der Gerätehüterin sieht.

»In einer Pension an der Ostsee«, erzählt Carsten weiter, »da gab es ein altes Schwimmbecken. Es war leer. Zu hohe Betriebskosten. Hat keiner genutzt. Stand sogar vorher in der Beschreibung. Ich sag: Mutter, der Pool ist nicht in Betrieb, klar? Ja, ja. Und dann vor Ort: muss gehen! Muss gehen! Alles geht, wenn man will!«

»Also heimlich bezahlt?«, frage ich.

Carsten nickt: »Zwei Stunden Verhandlungen über den Literpreis und die Kilowattstunden für die Beheizung. Und Mutter dann: gleitet ins Wasser wie Cleopatra.«

»Das ist ein teures Leben«, sage ich.

»Kennen Sie diese Kinder an der Kasse?«, fragt er, »die sich wälzen und wie am Spieß schreien, wenn sie kein Überraschungs-Ei kriegen?«

Ich brumme ein Ja.

Carsten deutet durch einen leichten Ruck seines Hinterkopfes zu seiner Mutter: »Sie reißt den Supermarkt ab. Holt ein Stemmeisen und bricht die Fliesen aus dem Boden.«

Ich schaue ihn an, den armen Tropf. Immer wieder erbaulich, Menschen zu treffen, die einen darin bekräftigen, die eigene Bindung zur Mutter rechtzeitig in geordnete Bahnen gelenkt zu haben. Ruckartig reiße ich ihm das Blatt aus den Händen und tippe auf die Käsekästchen.

»Das glauben Sie wohl!«, ruft er laut aus, nimmt das Blatt zurück, streicht es glatt und beugt sich über den Tresen, als müsse er mir das ganz klein Gedruckte zeigen. Wir stecken die Köpfe zusammen.

»Also«, erklärt er, »ich habe den Gerätetyp der Waschmaschine schon vor einer Woche bei der Margret abgeschrieben. In Berlin am Bahnhof wartet mein Kumpel Felix mit einer baugleichen Waschmaschine. Er tut so, als arbeite er für die Bahn und habe das Ding gerade am Ende des Zuges ausgeladen. Sie lenken gleich meine Mutter ab und sagen, die Maschine darf mit, aber nicht neben ihr im Fahrgastraum. Ich soll sie schnell schon mal nach oben schieben, die kommt irgendwo hinten rein, in einen defekten Waggon oder so. Also die Maschine, nicht die Mutter.«

Ich schaue ihn an, den armen Mann. Sein linker Mundwinkel zuckt unwillkürlich. Aus dem rechten Ohr wächst ein Haar. Ich frage mich, ob ich ihn darauf hinweisen sollte, dass sich sein Kumpel Felix in Berlin nicht ungestraft in Berufskleidung der Bahn hüllen darf, auch wenn die gerne mal unter der Hand als Kostümierung verkauft wird. Ich lasse es. Nervös schaut er in die Mitte der Vorhalle. Das Muttertier stiert so neugierig wie finster. Gerade fragt es sich, ob der Sohn mich schon besiegt hat.

»Bitte«, sagt er und schaut dabei abwechselnd flehentlich zu mir und Annika. Ich schaue dem Mann in die Augen.

Er fleht erneut: »Bitte ...«

Ich sage: »Jetzt haben Sie eine Waschmaschine zu viel.«

Er sagt: »In dem Fall komme ich noch günstig weg. Der Mann mit dem Schnauzbart vorhin hat die hier schon gekauft. Er holt sie ab, sobald der Zug mit Mutter abgefahren ist.«

Der Zug ist in der Tat abgefahren, denke ich und brumme ein »Okay«.

SPÄTSCHICHT

Wir toben noch eine Weile, Papier fliegt zwischen uns umher, schließlich schweige ich einen Augenblick, runzele die Stirn, drehe mich zur Seite, nehme die Mütze ab, kratze mich, setze die Mütze wieder auf, lehne mich auf die Theke und sage: »Reicht jetzt, oder?«

Die Papiersammlerin Frau Steegmann hat in der Zwischenzeit weitere Beute gemacht, tritt lautlos an den Rand des Tresens und nutzt ihn, um in aller Ruhe eine besonders zerknüllte Zeitung glatt zu streichen. Der Sohn winkt seine Mutter herbei, geht ihr entgegen und flüstert ihr auf halbem Wege seinen Erfolg beim großen Mann hinter der Information ins Ohr. Ihre Entgegnung hört der gesamte Bahnhof: »Siehste, sag ich's doch! Es geht alles, wenn man will! Dass ich dir das immer wieder beweisen muss, ehrlich!«

Triumphal tapst sie an den Tresen, legt beide Arme auf Filzhuthöhe darauf ab und schaut mich aus siegestrunkenen Augen an. Ich seufze und tue so, als koste es mich die größte Überwindung, ihr in aller Ruhe zu erklären, wie im letzten, defekten, für die Fahrgäste nicht zugänglichen Waggon ein Platz für die Maschine frei werden konnte, die nach genauem Vergleich der Maße von Waschautomat und Zugöffnung dann doch gerade so durch die Tür passe. Derweil schiebt ihr Sohn die Maschine, die in Wirklichkeit bald der Schnauzbart bekommt, an uns vorbei Richtung der Gleise. Die Mutter derweil abzulenken, ist leicht, da sie meine umständlichen Erklärungen, wie und warum es nun doch möglich werden konnte, auskostet wie der Klerus den Widerruf Galileos. Schließlich zieht sie im Quietschpelz von dannen, als sei sie fünf Zentimeter gewachsen. Frau Steegmann ist mit dem Falten der Zeitung fertig und geht ebenfalls, die Tüte heute etwas weniger voll als sonst. Ich rufe in Berlin Ostbahnhof an und bitte die Kollegen vor Ort, ausnahmsweise einmal nicht einzugreifen, falls gegen 20:20 Uhr ein Mann in abgetragener Bahnkluft eine Waschmaschine auf Gleis 12 hinaufbugsiert.

NACHTSCHICHT

Der Rheinschwimmer

🚂 Die Nacht ist der Freund des Beraters. Rennen sie einem am Tag die Bude ein, bleibt oft nicht die angemessene Zeit, jede Frage in der ihr gebührenden Ruhe und Ausführlichkeit zu beantworten, auch wenn Annika mich häufig fragt, woher ich die Gelassenheit nehme, die jeweilige Schlange hinter dem aktuellen Kunden auszublenden, als stünde er und *nur er* gerade im Rampenlicht. Ihr fällt das schwer, trotz all ihrer Bücher über Geduld und Nächstenliebe. Oder vielleicht deswegen. Sie möchte, dass stets jeder zufrieden ist. Wobei ich ehrlich zugeben muss: Lieber ist es mir auch, wenn es keine Schlange voller nervöser Menschen mit scharrenden Hufen gibt. Wenn da nur wir sind oder sogar nur ich. Ich und die Nacht und der eine Kunde, der sich um 3:15 Uhr an unseren Tresen verirrt und mich ein bisschen beschäftigt. Was natürlich nur schön ist, wenn er selbst zuvor nicht noch ein Dutzend Theken traditioneller Art aufgesucht hat.

»Ich geh jetzt mal dahin«, sagt Annika und wuchtet sich vom Stuhl. »Dahin« heißt zu der hageren Frau mit Steckdosenfrisur, die seit zehn Minuten vor dem Fahrkartenautomaten steht und mit einer Tochter spricht, die gar nicht da ist. Sie gehört nicht in die Kategorie »vernünftige Beschäftigung um 3:15 Uhr nachts«, und was sie genommen hat, bekommt man nicht mal an Düsseldorfs traditionellen Theken.

»Frollein!«, ruft die Frisur und hebt mahnend den Zeigefinger vor dem Gesicht ihres imaginären Görs, »du gehst mir heute Nacht so nicht nach draußen!« Derweil blickt sie alle paar Sekunden hektisch über ihre Schulter, von der die Fransen des braunen Filzpullis abstehen wie die Haare eines nassen Hundes, dem man das Fell gegen den Strich gestreichelt hat. Ich glaube, sie fühlt sich beobachtet, als säße jemand im Monitor des Automaten.

»Kommst du mit der klar?«, frage ich, und Annika nickt, nahezu ehrgeizig. Die weiblichen Verrückten sind ihr Metier. Ich beobachte, wie sie Richtung der Schimpfenden schreitet, und öffne die *Wer wird Millionär*-Applikation auf meinem Telefon. Seit zwei Stunden hat mir keiner mehr eine Frage gestellt. Da kriege ich als hauptberuflicher Antwortengeber Entzug. Die Jingle-Melodie der Quizshow ertönt, und ich freue mich gerade auf die ersten fünfzig Euro, da steht ein Mann vor dem Tresen und stellt aus heiterem Himmel grußlos seine Frage.

»Wie tief ist der Rhein bei Düsseldorf?«

Ähm, ja.

Fünfzig Euro?

Oder doch eher fünfhunderttausend?

Ich mustere den Mann im üblichen nächtlichen Dreischritt: Augen, Haltung, Klamotten. Sieh an. Er ist nüchtern. Statt geweitet wie schwarze Tunnel zu zittern, warten seine Pupillen auf Antwort, mustern mich keck und halten dabei souverän das Normalmaß ein. Außerdem wankt er nicht und trägt einen gepflegten Anzug. Mittleres Management, mittleres Alter, mittleres Temperament.

»Hallo?«

Der Rheinschwimmer

Er winkt, als würde ich ihn nicht sehen oder sei gerade am Dösen.

»Wie tief ist der Rhein bei Düsseldorf?«

Die Frage ist also nicht als Scherz gemeint.

Am Fahrkartenautomaten beginnt Annika, auf die halluzinierende Frau einzureden, indem sie das Spiel erst mal mitspielt. Das Töchterlein sei sicher ganz lieb und gehe jetzt brav mit nach Hause, wenn die Mutter ihr den Weg zeige. Außer Annika und der Filzfrau wanken nur noch ein paar betrunkene Minderjährige kichernd die Wände entlang und wünschen sich Führungsstangen auf Griffhöhe. Ich will mal so sagen – der Publikumsjoker hilft mir im Augenblick nicht wirklich weiter.

Der mittlere Manager verharrt entschlossen auf den Bahnhofsfliesen und zieht die Augenbrauen nach oben. In meinem Telefon tuckert der Rhythmus der Millionärsmusik vor sich hin, die eingespielt wird, wenn Günther auf Antwort wartet.

Dududubb – dudududubb – Dududubb – dudududubb.

Was würde Wallenstein jetzt tun?

Die ehrliche Antwort lautet natürlich: »Weiß ich nicht.«

Aber Ahnungslosigkeit am Service Point ist keine Option.

»Tief ist er, der Vater Rhein«, beginne ich zu schwadronieren. »Das weiß ich aus meiner Jugend. Ich bin mal rübergeschwommen.«

»Tatsächlich?«, fragt der mittlere Manager und horcht auf. Das gefällt ihm. Ein alter Rheinschwimmer mit Fronterfahrung. Diese Geschäftsleute machen ja auch ständig Survivaltraining, Wildwasser-Rafting oder freies Klettern zur Stärkung des firmeninternen Zusammenhalts und um überhaupt wieder was zu fühlen. An der Wand fällt der

Erste der Minderjährigen in Ermangelung einer Führungsstange der Länge nach über seine Füße und bleibt erst mal liegen. Der Rest des Rudels lacht und wirft die Köpfe in den Nacken. Einer lehnt sich an die Wand und zündet sich eine Zigarette an. Der Gefallene dreht sich auf die Seite und zieht die Beine in Embryostellung. Er hat wohl beschlossen, den Rest der Nacht hier zu verbringen. Das Bett ist zu weit weg.

Annika sagt: »Wie heißt Ihre Tochter überhaupt? *Frollein* ist doch kein Name!«

Ich schaue wieder zu meinem Manager.

»Wo haben Sie es versucht?«, fragt er.

»Was?«

»Na, den Rhein zu durchschwimmen!«

»Ach so, ja. Nicht so richtig im Zentrum von Düsseldorf«, gebe ich zu, »sondern von Urdenbach hinter Benrath rüber ins wunderschöne Zons. So war zumindest der Plan. In der Praxis habe ich die falsche Rheinseite erst in Sankt Peter erreicht. Sie wissen, die Strömung, die Strömung...«

Der Manager schaut versonnen Richtung Ausgang und massiert sein Kinn. Dabei murmelt er: »Ja, die Strömung, die vermaledeite Strömung...«

Ich glaube, gerade im Moment denkt er an was anderes als Wasser. Sein Blick trübt sich. Er lehnt sich auf die Theke. So, wie er jetzt dasteht, könnte man ihn in einen Krimi Noir transferieren, nahtlos hinein in ein Detektivbüro, dessen Dämmerlicht samt tanzendem Staub nur vom in Streifen geschnittenen Licht ungenügend erhellt wird.

»Wir brauchen gesicherte Informationen...«, murmelt er.

Ich räuspere mich.

Der Mann will Antworten.

Vielleicht hat er doch was genommen.

»Ich könnte den Bürgermeister anrufen«, sage ich. »Der weiß das bestimmt.«

Der Manager erwacht aus seinem kurzfristigen Ausflug ins Detektivbüro und schaut mich begeistert an. Er glaubt tatsächlich, dass der Service Point die Durchwahl ins Bürgermeisterbüro hat. Das ist üblich so, besonders in der Nachtschicht. Speziell zwischen Mitternacht und Sonnenaufgang unterstellen uns die Menschen eine unglaubliche Macht. Das Insiderwissen wortkarger Schattenfiguren in den Romanen von Dan Brown ist nichts dagegen.

»Aber Samstagnacht um drei kann ich den Bürgermeister deswegen wirklich schlecht behelligen«, sage ich.

»Hm, verstehe«, nickt der Manager.

Ich frage mich, wozu er die gesicherten Informationen braucht.

Hat er eine Wette verloren und muss demnächst am Altstadtufer auf Stelzen durch den Rhein laufen, um ins Diebels Buch der Rekorde zu kommen? Oder schiebt er gleich quietschend eine Schubkarre durch die Nacht, die er draußen abgestellt hat, Zement, Steine, Teppich und die leblose Schwiegermutter darin?

»Gucken wir nach«, sage ich, hebe mein Telefon in die Luft und schließe die Millionärs-App, um Google zu öffnen.

»Der deutschen Wikipedia können Sie nicht trauen!«, bellt er aus heiterem Himmel und springt einen Schritt zurück.

Ich lege das Handy ab.

»Wissen Sie, wie das funktioniert? Die Macht über die Artikel dort haben nur sogenannte Sichter und Administratoren. Nicht Sie oder ich, die wir uns mit was auskennen!«

Das klingt wirklich interessant.

Er fährt fort und zeigt auf den Haupteingang, als fließe direkt an der Worringer Straße der Vater Rhein: »Sie gehen hin und schwimmen durch den Rhein, ja? Überall. Kennen sich voll aus. Wissen alles über Strömungsverhältnisse, Uferbeschaffenheit, Fischbestand. Dann ergänzen Sie in diesem ...« – er lacht verächtlich – »*demokratischen* Lexikon einen Eintrag. Können Sie ja. Sie sind die Koryphäe. Sie sind geschwommen. Ein paar Tage später sind Ihre Änderungen zurückgenommen. Sie machen eine Diskussionsseite auf und fragen, warum. Der Sichter schreibt Ihnen dann entweder, Ihr Stil wäre nicht sachlich genug oder die Informationen hätten keine Relevanz. Dann widersprechen Sie. Debattieren. Geben nicht im Ganzen nach, ändern aber ein bisschen was, um den Mann zufriedenzustellen. Der lebt sicher gar nicht am Rhein, sondern an einem Gebirgsbach in Mittenwald. Er lässt sich erweichen und macht die Löschung Ihrer Ergänzungen rückgängig. Schreibt Ihnen gönnerhaft, jetzt sei alles gut. Jetzt sei es ein Lexikonartikel. Sie sind zufrieden. Und was passiert dann?«

Ich zucke mit den Schultern.

»Drei Tage später ist der Text wieder weg, weil ein anderer Sichter nicht der Auffassung ist, dass alles gut sei. Der ist wahrscheinlich Nichtschwimmer. Ein Nichtschwimmer von der Mosel.«

Da ich Aufwallungen gut verstehen kann, wenn sie mit der Computer-Community zu tun haben, frage ich: »Wie wird man denn zum Sichter?«

»Gute Frage!«, freut sich der erregte Kunde.

Die Frau im Filz sucht derweil den Namen ihrer Tochter, kommt aber immer wieder nur auf »Frollein!«.

»Wird man Sichter, weil man geschwommen ist? So wie Sie? Weil man sich mit was auskennt? Nein. Man wird zum

Sichter durch das Editieren von zweihundert oder mehr Artikeln. Und zwar *egal, zu welchem Thema*! Stellen Sie sich das mal vor! Da schwimmen Sie in Ihrer Jugend jeden Tag nach Sankt Peter, aber bei den Artikeln zu Flüssen im Lexikon der großen Weisheit haben Sie trotzdem nichts zu melden! Das darf nur ein arbeitsloser Nichtschwimmer, der den ganzen Tag im Trockenen sitzt, und er darf das, weil er zuvor zweihundert Änderungen bei Artikeln über Orks und Elfen vorgenommen hat. So sieht's nämlich aus!«

Der Manager senkt den Kopf und starrt zornig vor sich hin auf die Thekenkante. Der Häuptling der Minderjährigen hat aufgeraucht und versucht, den Schlafenden zu wecken, um ihn von den Fliesen zu kratzen. Ihm wird die Trödelei langsam zu bunt. Die Frau am Fahrkartenautomat schiebt Annikas Hände weg, die sie ihr beruhigend auf die Schultern zu legen versucht. »Frollein! Das ist mein letztes Wort!!!«

Den Blick immer noch auf der Thekenkante, raunt der Manager, wieder im Ermittlungsbüro, mit geballter Faust: »Wir brauchen gesicherte Informationen.«

Der Häuptling der Minderjährigen hat das schwächste Glied seiner Stammeskette mittlerweile wieder in die Senkrechte gehievt. Er richtet strenge Worte an den Trunkenen. Daraufhin fällt dieser wieder um. Bei der Filzfrau sieht es auch nicht besser aus. Da Annika selbst nun plötzlich ihr »Frollein« ist, wird's wohl langsam Zeit, die Polizei und den Notarzt zu rufen. Aber erst, wenn ich dem Mann vor mir seine »gesicherten Informationen« gegeben habe, aus der ersten Hand eines alten Rheinschwimmers.

»Ich weiß ja nicht, wie genau Sie es brauchen, aber wenn ich schätzen soll, sage ich Ihnen jetzt, aus meiner täglichen Erfahrung auf dem Weg nach Sankt Peter: zweifünfzig bis vier Meter.«

Der Manager dreht den Kopf sachte nach links unten und wischt sich ein imaginäres Staubkorn vom Revers. Den werde ich bis Feierabend nicht mehr los, denke ich, als er den Kopf hebt, kurz aufsieht, schließlich noch kürzer: »Danke!« sagt und grußlos von dannen zieht.

Na toll.

Erst wirkt er, als wolle er die Nachforschungen auf den Zentimeter genau betreiben, und dann ist er doch so leicht zu bedienen.

Dafür habe *ich* jetzt die Frage im Kopf.

»Frollein, das tut mir jetzt mehr weh als dir!«, brüllt derweil die Frau am Fahrkartenautomat und ohrfeigt mit brennendem Blick die Luft vor sich, in der aus ihrer Sicht ihre Tochter steht. Annika hat bereits Abstand genommen und das Telefon am Ohr. Das Rudel Minderjähriger hebt die Köpfe und nimmt die Witterung des Wahnsinns auf. Ihre eigene Alkoholleiche ist da nicht mehr so interessant. Ich muss wohl langsam da rüber und meine Autorität als alter Strömungsschwimmer spielen lassen. Aber vorher muss ich unbedingt noch wissen, wie tief der Rhein bei Düsseldorf ist. Offene Fragen sind für mich so wie offene Kreuzworträtsel für Annika. Absolut unerträglich.

»Frollein, bleib sofort stehen! Du läufst mir hier nicht weg!«, krächzt die Frau im Filz.

»Guck mal, die Bekloppte da drüben!«, grölt der Häuptling der Minderjährigen.

»Andreas!«, ruft meine Annika.

»Komme!«, sage ich und laufe los, den Blick auf dem Display meines Telefons. Wikipedia gibt in der Tat keine genaue Auskunft, dafür aber tatsächlich der Bürgermeister. Oder besser: seine Angestellten. Auf der offiziellen Homepage der Stadt Düsseldorf finde ich die Unterkategorie »aktuell/Pegel« und stelle fest: In Höhe der Altstadt sind wir heute bei 2,91 Meter. Habe ich doch gar nicht so schlecht geschätzt. Ein nüchterner, aufrecht gehender Mann betritt den Bahnhof. Ich hoffe für einen Augenblick, dass es wieder der Manager ist, damit ich meine Aufgabe doch noch auf den Zentimeter genau erfüllen kann, aber es ist nur der Erste von zwei Polizeibeamten. Ein Jungspund, der sicher alles bei Wikipedia nachschlägt.

»'n Abend!«, rufe ich jovial, gehe ihm entgegen, zeige auf die Problemzonen der Nachtkulisse und drücke ihm die Hand. Oh, denke ich mir im Stillen, diese Hände sind noch nie mit eigener Kraft durch den Rhein geschwommen.

So wie ich früher rüber nach Sankt Peter.

Jeden Tag.

Pinke Becher

🚂 Zeit ist relativ. Das wusste schon der alte Albert mit der wilden Frisur und der langen Zunge. Seine Nachfolger forschen heute zu Quanten, Quarks, Strings und vielfachen Dimensionen und gehen so selbstverständlich von Parallelwelten aus wie früher nur die Science-Fiction-Autoren.

Mit Recht.

Um kurz vor sechs am Samstagmorgen zum Beispiel leben wir alle in Parallelwelten. Manche schlurfen um diese Zeit mit dem Kaffeebecher in der Hand zum Dienst im Pflegeheim. Manche dösen in ihren Taxen vor der Tür und warten darauf, dass ein Fahrgast sie durch Scheibenklopfen weckt. Für die einen beginnt der gefühlte Tag, für die anderen endet er bald. So wie für mich. Noch ein paar Minuten, dann geht's ab nach Hause. Schuhe aus, Katze gefüttert, Klamotten aus, ins Bett gekuschelt, satte und dankbare Katze schnurrend auf den Bauch klettern lassen und schlafen, während die Sonne aufgeht. Vorher aber kommen noch die Mädels.

»Andreas!«, rufen sie in der duzenden Vertrautheit, die so eigentlich eher in Köln entsteht, »was kannst du uns denn heute kredenzen?«

Das heißt auf Deutsch: Andreas, was hast du denn heute auf dem Konferenztisch? Oder frei übersetzt: Welche Fahrten kannst du uns anbieten?« Denn diese Mädels, die kommen samstags um 6 Uhr morgens nicht etwa vom Feiern nach Hause. Nein, die fahren samstags um 6 Uhr morgens zum Feiern los! Während ihre Männer ein paar Stunden später aus den Federn kriechen, um sich mit ihren Kumpanen zur Reise ins Stadion zu treffen, zuckeln die Damen der Schöpfung durchs Land, ausgestattet mit reichlich Proviant. Wohin genau, entscheiden sie spontan. Oder überlassen mir die Auswahl.

»Schlag mal was vor! Aber maximal zwei Mal umsteigen!«

Ich überlege und tippe.

Anja erklärt derweil einem alten Herrn den Fahrkartenautomaten.

»Die Göttergatten?«, frage ich, während ich bastle.

»Auswärtsspiel in Bremen«, antwortet Bianca, die Anführerin der Clique. Ihre Dauerwelle erinnert mich an die Popsängerinnen der Achtziger. Ihr Make-up kann sich schwerlich zwischen Moulin Rouge und Rosenmontag entscheiden. Alles ein wenig zu bunt.

»Dann lassen wir das schon mal raus«, sage ich, um die Damen nicht in die gleiche Stadt zu schicken, in der heute ihre Männer mit anderen Fans der Fortuna feiern. Sie gehören zur Mehrheit der normalen Fußballanhänger dieses Landes. Laut, ausgelassen und manchmal sicher fanatisch, aber ohne Interesse daran, Bahnsteige oder Gebisse zu demontieren. So wie Uwe aus der Zentrale, der am Mikrofon die Verspätungen ansagt. Ich erinnere mich an eine Szene von vor ein paar Jahren, da stand plötzlich Aleksandar Ristić vor unserem Tresen, ein ehemaliger Kulttrainer, der Ende der Achtzigerjahre die Fortuna aus Düsseldorf unter seinen Fittichen hatte. Mir fiel er damals auf, weil wir ein ähnliches

Humorverständnis haben und er genauso wie ich seinen Job richtig einschätzte. »Ich habe zu meiner Mannschaft gesagt: stürmen«, kommentierte er einmal eine Partie, »sie haben wohl türmen verstanden.« Oder, noch besser: »Bei manchen Spielern fehlt etwas, deshalb spielen sie auch bei mir und nicht in Barcelona.« Dieser bosnische Spaßvogel jedenfalls wollte mir hier am Tresen freudestrahlend zwei Karten für die Ehrentribüne in die Hand drücken. Mir! Dezent versuchte ich ihm zu verstehen zu geben, dass Fußball nicht so mein Ding wäre, als Uwe um die Ecke kam. Entgegen meiner ansonsten stets höflichen und auf Etikette achtenden Art zeigte ich mit dem nackten Finger auf meinen Kollegen und sagte: »Der da! Das ist ein ganz heißer Fortuna-Fan!« Uwe guckte, bekam Augen wie Wagenräder, und Herr Ristić drückte ihm die Karten in die Hand. Doch selbst, wenn es damals nicht Herr Ristić, ehemals Fortuna, gewesen wäre, sondern ein Trainer der Konkurrenz, hätte Uwe trotzdem voller Ehrfurcht vor dem Tresen gestanden, statt nach Bierdosen zum Werfen zu suchen. So sind die Gatten meiner Samstagmorgen-Mädels auch. Dass die Damen trotzdem vor dem Theater flüchten, kann ich gut verstehen.

»Was ist denn mit Pfannkuchen?«, frage ich nach einer Weile.

Die Mädels grinsen breit. »Pfannkuchen?«

Man muss dazu sagen: Sie fragen mich nicht ohne Grund. Es ist für sie Kult geworden, dass ich das wilde Rudel eben nicht in große Metropolen schicke, wo der Bär steppt und man spätabends Fotos in glitzernden Clubs oder Diskotheken schießt. Im Gegenteil. Ich schicke sie an die unmöglichsten Orte, in die ein Grüppchen aufgedrehter Freundinnen von selber niemals und unter keinen Umständen fahren würde.

Pinke Becher

»Hier«, sage ich und drehe den Monitor etwas, damit Bianca und die Mädels über der Theke reinschauen können. »Das Pfannkuchenhaus in Dabringhausen. Muss man gesehen haben!«

Sie kichern.

Auf dem Monitor läuft eine Diashow des Fachwerkrestaurants. Grüne Fensterläden, weißer Putz, hohe Tannen und ein blühender Rhododendron neben der Terrasse.

»Andreas!«

»Ihr wollt wissen, was ich auf dem Tapet habe!«

Die Mädels ziehen eine Pulle Sekt aus der Tasche, schießen den Korken quer durch die Vorhalle und nesteln die weiche Folie von einer Stange Plastikbecher. Sie sind pink.

»Gut«, sage ich, »die Anreise ist eher beschwerlich. Wenig Zug, viel Bus und dann noch etwas laufen. Aber Dabringhausen ist immer eine Reise wert!«

Eigentlich meine ich es als Scherz. Wie immer.

»Das macht nichts!«, johlen die Mädels. »Aber was machen wir abends?«

Ich googele.

»Irish Pub im gleichen Ort, Kesselhaus in Wipperfürth oder Getaway in Solingen. Alles nah dran.«

»Ich könnt ihn küssen!«, sagt Bianca. Ihre Freundin, die soeben die Becher von der Folie befreit hat, schenkt ein.

»Hier, ein Sektchen!«

Zack, steht der pinke Becher auf dem Tresen.

Um 6:02 Uhr.

Gleich kommt die Ablöse.

»Öhm«, sage ich, während ich die Fahrstrecken bastele. »Mein Chefchen mag es nicht so sehr, wenn ich hier trinke. Genau genommen verbietet er uns sogar per Weisung den

Kaffee. Also, theoretisch. Aber so ein Sekt am Morgen, lieber nicht.«

Ich winke ab und schaue mich um, als könnte der Chef jeden Moment irgendwo hinter einem Fahrkartenautomaten hervorschießen. Unmöglich ist das nicht. Während der Nachtschicht hat er sich noch nie blicken lassen, aber die Frühschicht ist nicht fern.

»Was hast du denn für einen usseligen Chef!?«, grölen die Mädels und stürzen sich das erste Brausewasser des Tages in den Nacken. »Ich glaube, mit dem sollten wir mal reden!«

Ich drucke die Verbindung aus und lege sie auf den Tresen. Regionalexpress nach Wuppertal. Umsteigen. Abellio Privatbahn nach Remscheid. Umsteigen. Bus nach Wermelskirchen. Umsteigen. Bus nach Dabringhausen. Aussteigen.

Bianca liest.

Ich frage: »Okay? Ist mehr als zwei Mal umsteigen...«

»Egal!«, sagt sie und schwingt den pinken Becher. Der Weg ist das Ziel. Hauptsache, genug Schaumwein fährt mit. Fröhlich verabschieden sich die Mädels und ziehen bester Laune ein Gruppenticket. Mit Sekt aus pinken Bechern in der Hand wird schon das Bedienen eines Fahrkartenautomaten zur Party.

Als ich sechzehn Stunden später zur nächsten Nachtschicht antrete und mit halb geschlossenen Augen in der Dienstumkleide meinen Spind aufschließe, wackelt ein Teller oben auf dem stählernen Möbel. Ein großer Pappteller, umspannt mit Alufolie, auf welche der Kollege der Spätschicht einen Zettel geklebt hat. Auf dem gelben Post-it steht: »Wurde für dich abgegeben von ein paar heißen Fegern. Alter Schwede! Ich glaube, du hast Chancen!«

Ich nehme den Zettel ab und schaue unter die Folie. Ein riesiger Berg handgemachter Pfannkuchen. Ob der kleine Prinz das schon als Bestechung wertet? Obwohl, pfannenwarm schmecken sie ja noch besser. Aber auch so war es ein wunderbares Frühstück.

Jahwe auf der Flucht

🚂 Blaue Stunde. Gnadenlose Stille.
Kein Zug, nirgends.
Kein Geräusch.
Nur das leise Kratzen von Annikas Stift auf dem Papier des Kreuzworträtselheftes.
»Asiatischer Kernobstbaum mit sechs Buchstaben?«, fragt sie.
»Birne«, sage ich.
»Hat nur fünf Buchstaben. Außerdem gibt's überall Birnen. Italien, Chile, Argentinien, Holland, an der Landstraße Richtung Neuss...«
»Nashi-Birne«, sage ich.
»Andreas!«
Es zieht. Mein Kaffee ist kalt. Die Luft ist kalt. Alles ist kalt. Annika hat die Heizung aufgedreht und versucht, ihre eigene Kältefühligkeit seit Neuestem nicht mit Zittern und Schweigen, sondern mit Rätseln und Reden zu bekämpfen. Um 4:05 Uhr ist jene Zeit im Bahnhof angebrochen, in der so wenig los ist, dass man genauso gut mitten in der Nacht auf freiem Feld die Zugangstür eines surrenden Windrads überwachen könnte, damit niemand einbricht und einen Flügel abmontiert. Das wäre sicher nicht kälter als hier.
»Sich unrund bewegen«, sagt Annika. »Fünf Buchstaben.«

Ich antworte: »Prinz, Komma, der kleine.«

»Andreas!«

Ein eisiger Wind heult über die Steinfliesen. Könnte man die einzelnen Luftströme voneinander unterscheiden, wären sie wie tobende Katzen. Gerade jagt eine die andere vor dem Buchladen gegenüber an der Schaufensterscheibe entlang. In der Auslage werden lauter Bücher angepriesen, in denen ganz normale Menschen vom Alltag ihres Berufes erzählen. Feuerwehrmänner, Fahrlehrer, Fliesenleger. Der Bestseller eines Rettungsassistenten heißt *Sie sehen aber gar nicht gut aus!*

Annika trägt eine Lösung ein, die ihr eingefallen ist, und zittert dabei mit dem Stift. Hält inne. Fragt mich: »Wie war noch gleich die Kreuzesinschrift von Jesus Christus? Mit vier Buchstaben?«

Ich will gerade antworten, weil ich es weiß, obwohl ich eher der Grabesinschrift Darwins zuneige, da schreit Annika auf.

Ich reiße den Kopf hoch.

Was meine sensible Annika so schockiert, ist ein nackter Mann, der mit weit aufgerissenen Augen durch den Gleistunnel gerannt kommt.

Ganz nackt?

Nein.

Je näher er kommt, desto besser erkennt man die stilvolle Kombination aus hochgezogenen weißen Tennissocken und einer schweren silbrigen Uhr am linken Handgelenk.

Ich will gerade zum Hörer greifen, um die Jungs von der Security zu rufen, als diese bereits ganz von selber durch die Eingangstüren schreiten. Waren wohl kurz draußen, um den rauchfreien Bahnhof von außen zu räuchern. Nachts laufen sie das Gelände gerne von außen ab. Ausgestattet mit dem Instinkt jugendlicher Jagdhunde wittern sie sofort den lebendigen Fremdkörper, beschleunigen aus dem Stand, halten den Mann an und wickeln ihn augenblicklich in eine Rettungsdecke, von der ich mich frage, wo sie die so kompakt verstecken konnten. Ich kenne beide Sicherheitsleute. Sie wählen immer die Nachtschicht. Besser bezahlt und im Schnitt ganz gemütlich. Schließlich rennt nicht jede Nacht ein nackter Mann durch die klirrende Kälte. Olaf – der Gelassenere der beiden – hält den nackten Mann fest wie einen Freund bei einem Junggesellenabschied, der sich jeden Moment übergeben muss. Thomas, der Hektische, schaut nervös wie ein Vogel Strauß mit gestrecktem Hals durch die Halle, damit bloß kein anderer Zivilist die Panik bekommt. Die Sicherheit hat alles im Griff. Ich stehe auf und nicke Annika zu, die Stellung zu halten. Dann schreite ich gemächlich zu den Kollegen.

»Haben Sie getrunken?«, fragt Olaf den Nackten. »Stehen Sie unter Drogen?«

Diese Fragen finde ich stets besonders lustig, da sie jemand, der tatsächlich unter Drogen steht, kaum wahrheitsgemäß und präzise beantworten kann. Eine medizinisch sinnvolle Aufzählung aller eingeworfenen Substanzen wäre nur möglich ohne die vorherige Einnahme rauschhafter Substanzen.

Ich mache mir eher Gedanken über den kläglichen Anblick, der sich gerade unter der Rettungsdecke verbergen muss. Die schwere Uhr am Handgelenk ist eine billige Fälschung von Rolex. Zwanzig Euro auf dem Trödelmarkt, direkt neben dem Händler, der heute noch diese grotesken T-Shirts mit den riesigen Airbrush-Wölfen vorm Vollmond verkauft.

Nervös schaut der nackte Mann hinter sich in den Oberbilker Tunnel.

Natürlich bekommt man raus, welche Drogen die Menschen genommen haben. Nicht durch das, was sie sagen, sondern durch das, *wie* sie es sagen. Leute, die irgendwelche Halluzinogene drin haben, sprechen langsamer und sehr verschachtelt, meistens auch mit Kommas mitten im Satz, wo keine hingehören. Mit viel Erfahrung lässt sich am Satzbau sogar die Art des Halluzinogens unterscheiden. LSD hat etwas von Paul Auster, Zauberpilze klingen eher wie Tolstoi. Wer synthetisches Dreckszeug drin hat wie PCP oder Crystal Meth, unterbietet qualitativ noch die erotischen Gedichte von Günter Grass. Betrunkene wiederum lallen nur. Das ist dann höchstens Dadaismus. Ein spannendes Feld. Grammatikalische Pharmakologie.

Olaf und Thomas wissen, dass ich in Sachen Kommunikation mit Verstörten der Beste bin und überlassen mir das Reden, kaum dass ich an der Dreiergruppe angekommen bin.

»Hallo?«

Ich stupse den nackten Mann in der Decke an. In meinem Hinterkopf geistert noch immer die Frage rum, welches asiatische Kernobst nur sechs Buchstaben hat.

»Sag mal, was soll denn der Auftritt? Wie rennst du hier denn rum? Wie heißt du denn?«

So geht das bei Gestörten.

Einfach sprechen.

Duzen.

Eine Diskussionsgrundlage schaffen, damit die Person sich angesprochen fühlt und irgendwas erwidert. Nur zu fragen »Wie heißt du denn?« wäre zu wenig. Bei »Wie rennst du denn hier rum?« kann er nicht mehr so tun, als wäre nicht er gemeint. Gerne tue ich auch so, als sei die Situation ganz normal und ich könne gemäß meinem Beruf schlichtweg Auskunft geben.

»Wohin darf es denn gehen?«, lautet dann die Formulierung.

Immer ganz höflich.

Wobei... Samstagnachts bei Männern unter zwanzig muss ich hin und wieder ganz höflich die Frage formulieren: »Sag mal, ist es nötig, dass du mir deinen Döner hier auf den Tresen rotzt?«

Aber das ist eine andere Sache...

Der Nackte mit den Tennissocken und der falschen Rolex guckt mich mit weit aufgerissenen Augen an: »Ich bin Jahwe.«

Ich frage lieber noch mal nach, ob ich richtig gehört habe.

»Jahwe?«

Er bestätigt: »Jahwe.«

Ich sage: »Ach, *du* bist das!«

Olaf unterdrückt ein Kichern.

Ich denke auch nicht, dass Kichern angebracht wäre. Jetzt, wo wir den Herrgott persönlich zwischen uns haben. In Tennissocken.

»Warum rennst du hier so rum?«, frage ich. »Warum hast du es so eilig?«

Während ich mein behutsames Verhör führe, klickt Thomas auf seinem Sprechgerät herum und verständigt die Bahnpolizei, die heute Bundespolizei heißt, damit sie auch mal eben rüberkommen. Ja, nur eine Person. Nein, keine Hooligans, keine Nazis. Nur kleines Besteck. Jahwe stört das nicht weiter. Warum auch? Er ist der Schöpfer aller Dinge. Heute Nacht aber, da zittert er anscheinend nicht nur vor Kälte.

»Jesus und der Teufel sind hinter mir her«, sagt er.

»Jesus *und* der Teufel?«, vergewissere ich mich.

»Ja!«

»Warum?«, frage ich.

Er schaut mich an, als sei ich schwer von Begriff, was in diesen Dingen durchaus sein mag. Ich habe weder den Gottessohn noch den Chef der Hölle jemals getroffen und gehöre zu dem schweigenden Drittel der Deutschen, die bei keinem religiösen Verein eingeschrieben sind. Wie gesagt, Darwin. Annika hält es trotz der Kälte mittlerweile auch nicht mehr hinter dem Tresen. So neugierig wie vorsichtig kommt sie herüber.

»INRI«, flüstere ich ihr zu, damit wir das auch noch eben geklärt haben. »Nach dem Kernobst suche ich noch.«

Jahwe sagt, was Jesus und der Teufel mit ihm vorhaben: »Die beiden wollen mich umbringen und dann mit meiner Visa-Karte einkaufen gehen.«

Auf diese Behauptung fällt mir in der ersten Sekunde auch nichts mehr ein. Stattdessen stellt Annika stellvertretend für uns alle die offensichtliche Frage: »Wo hat er denn die Karte?«

Ich antworte: »In den Socken versteckt. Oder unter der Gardine...«

Annika verzieht angewidert das Gesicht. Ganz offensichtlich hat sie sich eben vorgestellt, wie die männliche Anatomie gestaltet sein muss, damit man eine komplette VISA Card in ihr verbergen kann.

Die Bundespolizei trifft ein und sieht so aus, als ob sie bereits einen Plan hat. Olaf lässt Jahwe los, und zwei neue Hände legen sich auf dessen Schulter. Mächtigere Hände. Offiziellere Hände. Die Decke lassen ihm hier alle. Wir sind ja nett. Außerdem ist der Mann schon ganz rot vor Kälte. Ich erkläre den Beamten, wer genau hinter ihm her ist.

»Gut«, sagt der Bundespolizist, ein Prachtkerl mit kräftigem Schnauzer und runden, hoch liegenden Wangenknochen unter gutmütig strengen Augen. »Wir bringen Sie jetzt an einen sicheren Ort, wo Ihnen Jesus und der Teufel nichts anhaben können.«

Olaf zieht erstaunt die Augenbrauen hoch. Annika sieht mich an. Das ist ungewöhnlich, dass es so schnell geht mit der Überführung. Üblicherweise braucht man ein offizielles Attest vom Amtsarzt, um bei Verfolgung durch die Mächte des Himmels und der Hölle gratis in den teuren, sicheren Schutzraum einziehen zu dürfen. Denn dieses ganz spezielle Haus im Stadtteil Grafenberg ist wirklich sicher. Beschützt und betreut zugleich, mit Türen, die nur Außengriffe haben. Ich denke, sie lassen sich den Waffelschuss des Mannes einfach nachträglich bestätigen. Obwohl ich diese Bescheinigung natürlich auch anbieten könnte.

»Danke«, sagen die Beamten, und wir nicken alle, zufrieden, unsere Pflicht getan zu haben. Sie führen den Mann zum Bus vor dem Eingang.

Die Sicherheitsleute tippen sich an die Stirn und gehen trotz der Kälte ebenfalls wieder nach draußen, erst mal eine rauchen auf den Schreck. Ich würde es ihnen gerne gleichtun, möchte aber meine Annika hier nicht alleine lassen. Die mümmelt sich bereits wieder vor die Heizung und nimmt das Heft zur Hand.

»Also INRI«, murmelt sie und trägt ein. »Und was ist jetzt mit der Birne?«

Ich bekomme eine Eingebung.

Woher, weiß ich nicht.

Vielleicht doch von oben?

»Die Birne ist eine Mispel«, sage ich, und ein kalter Wind heult durch den Tunnel, in dem Jesus und der Teufel gerade Jahwe verfolgten. Ganz so, als ob Ober- und Unterwelt sich noch was zu sagen haben.

Das Pittermännchen

🚂 Der junge Mann ist nüchtern, hat aber im Leben wenig zu tun. Oder zu viel. Dass sich ein Kunde vom Typ »Studiosus Furiosus« jedenfalls um 5:45 Uhr so leidenschaftlich beschwert, ist ungewöhnlich. Entweder hat er die ganze Nacht von Freitag auf Samstag gelernt und ist darüber verrückt geworden oder er will einfach schon mal ohne den Druck weiterer Fahrgäste, die hinter ihm in der Schlange stehen könnten, als Erstsemester seine spätere Eignung als Anwalt ausprobieren. Zornig wedelt er mit allerlei Zetteln und verlangt von mir eine »ladungsfähige Adresse«. Nicht nur irgendeine, wohlgemerkt, sondern die vom »Herrn Mehdorn«.

»Also«, sage ich und wiederhole, was er mir die letzten zehn Minuten erklärt hat, »lassen Sie mich das noch mal schnell rekapitulieren. Sie wohnen direkt an der S-Bahn-Station Volksgarten, und Sie möchten werktäglich die weite Reise bis zur Station Friedrichstadt machen. Gut. So weit kann ich folgen.«

Der angehende Anwalt fixiert mich, als habe er über mich zur Not geheime Akten gebunkert.

Ich fahre fort: »Und jeden Tag, den der liebe Gott kommen lässt, wollen Sie mit der S-Bahn zum Hauptbahnhof, im Sprint von Gleis 14 runter, durch das Gewühl, und mal eben nach Gleis 12 hoch. Und dafür bleiben Ihnen laut Fahrplan genau zwei Minuten, also hundertzwanzig Sekunden.«

»Ja, verdammt noch mal. Deswegen...«

Ich hebe meine große Hand.

»Sie brauchen nicht zu brüllen. Also... jeden Tag hat die S-Bahn, die Sie herbringt, ein bis zwei Minuten Verspätung.«

»Das habe ich Ihnen eben erklärt!«, keift er.

Ich bleibe ruhig.

»Sie wissen aber schon, dass morgens ab der Station Volksgarten alle paar Minuten eine Bahn abgeht? Wenn Sie einfach eine andere Linie nehmen würden, so etwa drei Minuten vor der Linie, die Sie jeden Tag ärgert, wären Sie für den Anschluss stets früh genug hier.«

»Das ist zu früh!«

»Ach, drei Minuten vorher ist zu früh...«

»Ich studiere Jura«, bestätigt er mir nun meinen Verdacht, »im sechsten Semester!«

Oha, da lag ich etwas drunter.

»Ich habe Rechte!«

Er hält mir einen Kugelschreiber hin, mit dem ich nun endlich die ladungsfähige Adresse aufschreiben soll.

»Und Sie möchten jetzt die Bahn verklagen?«

»Nicht die Bahn. Ich zerre den Hartmut Mehdorn persönlich vor den Kadi!«

Ich lehne mich auf den Tresen.

»Sie sind ganz sicher, dass Sie das machen wollen?«

»Natürlich, Sie... Sie...«

Er sucht nach Schimpfworten. Ich mache derweil weiter: »Und Sie sind sicher, dass hier kein Elton irgendwo mit der versteckten Kamera steht und ich morgen bei ProSieben auftauche?«

»Wenn Sie nicht *sofort* mein Anliegen ernst nehmen, reiche ich zunächst mal eine offizielle Be...«

»Nein, okay. Ist gut«, sage ich, »jetzt habe ich genug Fakten, um Ihnen zu helfen.«

Der kleine Anwalt beruhigt sich ein wenig. Er denkt tatsächlich, der große Mann gäbe ihm nun, was er will. Schade, dass Annika heute krankgeschrieben ist. Die Kälte und Müdigkeit der vielen Nachtdienste haben ihr Immunsystem geschafft. Ich denke, sie sollte sich zugestehen, nicht unbedingt eine Eule zu sein.

»Folgendes«, sage ich. »Den Herrn Mehdorn gibt es bei der Bahn nicht mehr. Der handelt jetzt mit Kerosin. Aber selbst wenn es ihn noch gäbe, wäre er nicht Ihr Ansprechpartner und würde für das Unbill, das Ihnen geschieht, nicht vor den Kadi gezerrt.«

Auf der akademischen Stirn bilden sich Zornesfalten, tief wie der Rhein bei Sankt Peter.

»Aber«, sage ich, »ich habe da einen ganz tollen Tipp.«

Die Zornesfalten verflachen ein wenig. Rheinwasser schwappt hinaus.

Ich sage: »Erwähnte ich schon, dass ich die Gegend kenne?«

Sein Zorn weicht einem Hauch Neugier.

»Passen Sie auf. Sie gehen nicht links herum aus dem Haus, 200 Meter bis zur S-Bahn, die lange Treppe hinauf, den Bahnsteig entlang, dann nach der kurzen Fahrt im Hauptbahnhof noch mal 200 Meter im Tiefflug rüber zum nächsten Gleis und dann an der Station Friedrichstadt noch einmal, sagen wir, 200 Meter, zu Ihrem Ziel. Nein. Sie gehen einfach spontan nach rechts aus dem Haus. Einfach so. 350 bis 400 Meter. Erst der Oberbilker Allee folgen, dann stehen Sie auf der Bilker Allee. Ergo: an der S-Bahn-Station Friedrichstadt.«

Der angehende Anwalt starrt mich an. Wartet ab. Wippt mit dem Fuß. Dann nimmt er sein Smartphone aus der Tasche, öffnet eine Karte von Düsseldorf und stellt fest, dass er seit Monaten mit zwei S-Bahnen über den Hauptbahnhof zu einer Straße gefahren ist, die nur einen Block entfernt von seiner Wohnung liegt.

Zugezogene...

Er klaubt seine Zettel von der Theke und stammelt: »Das wird ein Nachspiel haben.«

Zornig wankt er von dannen und ignoriert dabei sogar Bianca und die anderen Mädels, die ihm kurz nachsehen, als wäre er ein leckerer Happen.

»Andreas!«

Heute Morgen haben sie die Flasche schon offen, als sie ankommen, und jeder einen Becher in der Hand. Dieses Mal in rosa. Die Stimmung ist entsprechend gut.

»Die Pfannkuchen waren prima«, sage ich und beginne schon, zu tippen.

»Heute mal kein Tipp«, sagt Bianca mit sektroten Wangen, »wir wissen schon, wohin wir wollen!«

»Tatsächlich?«

»Ja. Heute wollen wir zum schönsten Dom.«

Ich grinse meinen Schorsch und haue in die Tasten.

»Gut. Einmal von Düsseldorf nach Bamberg über Würzburg...«

»Andreas!«, lacht Bianca.

»Ach so«, sage ich, »gut, dann nach Aachen über...«

»Andreas!«

»Mainz?«

Alle gackern.

»Wir wollen nach Kölle!«

»Nach Köln?«, frage ich. »Zu dieser Bahnhofskapelle, die

vom Appellhofplatz aus die Sicht auf den schönen Bahnhof blockiert?«

»Du Ketzer!«, sagt Bianca und gießt sich nach.

»Der Dom in Essen soll auch recht hübsch sein. Von innen, meine ich.«

Die Mädels beharren drauf.

Köln.

Dom.

Ankunft gegen sieben.

»Mädels«, sage ich, »selbst, wenn ihr jedes Wandbild abmalt, habt ihr viel zu viel Zeit, da so lange in der kalten Kirche herumzulaufen.«

Das sehen sie ein.

»Dann stell uns doch mal ein lecker Programm zusammen!«

Gesagt, getan.

Frühstück im Café Eigel (»Haben die da auch Sekt?«), Rheinspaziergang, Schokoladenmuseum (»Ne, lass mal, da werde ich ja schon dick vom Gucken!«), Mittagessen im Goldenen Kappes…

»Was ist das?«

»Das ist so was wie das Brauhaus Schumacher, nur ohne richtiges Bier. Die schenken da Kölsch aus.«

»Kölsch! Das ist gut!«

Die Damen beginnen, sich zu beraten. Stecken die Köpfe zusammen. Nach einer Weile sagen sie: »Wir machen den Dom ganz schnell, so japanmäßig. Vorplatz, Rundgang, Foto. Guck uns mal lieber mehr Kölsch raus. Eine Brauereibesichtigung oder so!«

Sechzehn Stunden darauf betrete ich den Dienstraum und schließe den Spind auf. Dieses Mal stehen keine Pfannkuchen drauf. Ich habe die Mädels gestern Morgen zur Mühlenbrauerei geschickt, der berühmten Malzmühle, ein hundertfünfzig Jahre altes Traditionshaus. Annika ist schon am Tresen und versucht es noch mal mit der Nacht. Sie kommt lieber etwas früher. Trotz sich anbahnender Kälte hat sie sehr gute Laune.

»Was ist?«, frage ich.

Sie schaut auf den Boden neben meinen Stuhl. Dezent und für Kunden nicht einsichtig hat sie dort ein Geschenk versteckt.

»Dat hee, dat is jetz för dich«, sagt sie im breitesten Kölner Dialekt. In solchen Momenten kann sie ihre Heimat eben doch nicht verleugnen. Neben meinem Stuhl steht ein 10-Liter-Fass Kölsch, ein Pittermännchen.

Aus der Mühlenbrauerei.

»Sag mal, Andreas?«, fragt Annika, »du hast doch nix mit den Mädels, oder?«

Ich grinse meinen Schorsch, öffne die Schiebetür hinter mir und verstecke das Fass zwischen den Ordnern mit den Beförderungsbedingungen.

Nazis im Bahnhof

🚂 Ich bin so unsagbar müde. Schwer hängen die Lider. Der Kaffee hilft nicht mehr. Wie hieß noch gleich dieser Song von The Verve? »And the drugs don't woooooork!« Deren melancholischer Großstadtsound würde jetzt gut passen. Annika ist vernünftig geworden und hat die Nachtschicht fürs Erste drangegeben. Der Betriebsarzt hat ihr die Umstellung dringend empfohlen. Bis zur Rückkehr der warmen Jahreszeit schiebt sie nur noch die Spätschicht von 14 bis 22 Uhr, wenn's einigermaßen warm ist. Ihre Durchschnittskörpertemperatur liegt bereits so schon zwei Grad unter normal. Das ist nicht gesund. Als Ersatz habe ich einen jungen Kollegen am Tresen. Yannick. Nett, freundlich und noch moosgrün hinter den Ohren. »Ich kann dich doch nicht alleine lassen«, hat Annika gesagt, da sie weiß, wie lange moosgrüne Neulinge brauchen, um mit den Herausforderungen der Nacht klarzukommen.

»Das schaffe ich schon«, beruhigte ich sie, »wenn du mir als Glücksbringer deine Schneekugel dalässt.« Und jetzt?

Steh ich hier und bin sooo müde. Dabei hat mein Dienst gerade erst angefangen. Es ist 23 Uhr, und ich fühle mich schon wie um vier. Das liegt nicht an meinem neuen Kollegen Yannick, sondern vor allem an dem leicht angetrunkenen Mann, der seit dreißig Minuten am Tresen steht und mich ausfragt, eine kleine Dose Prosecco in der Hand. Sekt aus dem Weißblechbehälter. Ein weiterer Nagel im Sarg des Abendlandes, nach Bier aus Plastikflaschen, Currywurst aus der Mikrowelle und elektrisch betriebenen Dampfzigaretten. Der Mann trägt ein hellblaues Jackett und ein buntes Siebzigerjahrehemd mit bunten Kreisen und übergroßem Kragen.

»Komm, zeig's mir doch!«, bettelt er.

»Ich hab's nicht hier«, lüge ich.

Die Rede ist von unserem Gästebuch für prominente Kunden. Ich war so unvorsichtig, es zu Anfang des Gesprächs zu erwähnen. Da hatte ich seinen Atem noch nicht gerochen.

»Hast – du – wohl«, trällert er und zwinkert dabei neckisch. Hätte ich statt eines Jacketts einen Kapuzenpulli mit Kordeln an, würde er sie jetzt auf seinem Finger aufrollen.

An der Mülltonne gegenüber macht sich Carlos zu schaffen. Bis zur Schulter steckt sein Arm im Loch für Restmüll und wühlt. Hin und wieder holt er stinkende Artefakte hervor. Gerade eben eine leere Bierflasche, die jemand in die falsche Öffnung geworfen hat, und sofort darauf einen halben Big Mac vom Amerikaner. »Geht schon!«, sagt er, »geht schon!«, schaut in die Öffnung der Flasche wie Captain Jack Sparrow in sein Schiffsfernrohr, steckt sie in seinen Rucksack und beißt schließlich herzhaft in den halben Burger, der viele Stunden Zeit hatte, zwischen den alten Kaffeebechern, gebrauchten Rotzfahnen und benutzten Kondomen zu reifen. Yannick beobachtet es. Jetzt ist er nicht nur hinter den Ohren grün.

»Dann sag doch noch mal«, gibbelt meine aufgedrehte männliche Klatschtante weiter. »Welche gut aussehenden Stars hattest du schon am Tresen? Hm? Den Matthias

Schweighöfer vielleicht? Oder den Elyas M'Barek? Das ist ein Leckerer, oder?«

»Franz-Josef Antwerpes«, antworte ich.

Die Klatschtante zieht den Kopf ein wenig zurück und zugleich das Kinn Richtung Schulter.

»Der war mal Regierungspräsident von Köln.«

Es klingelt nichts im bunten Hemd.

»Als er einmal einen Termin hier im Landtag hatte, ist er mit dem Regionalexpress angereist, im Nahverkehr. Dabei hätte er als Oberbürgermeister in der ersten Klasse eines ICE fahren können. Er war aber grundsätzlich der Auffassung, dass man mit der einfacheren Wahl genauso schnell ankommt. Oder, auf Kölsch: Ich kumme do öm de gliche Zigg aan.«

Die Klatschtante winkt ab, nimmt ein Schlückchen aus der golden gefärbten Dose, für die Paris Hilton bei der Markteinführung Werbung gemacht hat, und sagt: »Das ist doch Mist. So auf volksnah zu machen. Wenn man schon prominent ist, muss man den Glamour genießen, oder?«

Die Klatschtante nimmt die Hand vor den Mund. Der Prosecco sorgt für ein kleines Stößchen. »Ich kann zum Beispiel auch nicht leiden, wenn die Stars sich absichtlich mit Zehntagebart fotografieren lassen. Oder im Jogginganzug.«

Ich stimme ihm zwar zu, werde mich aber hüten, es zuzugeben.

So müde.

Carlos hat den halben Burger verspeist und spült mit Wodka nach. Heute mal pur, ohne Orangensaft. Das erklärt seine Vergesslichkeit in Sachen restlicher Würde, die er sonst stets bei allem Suff an den Tag legt. Er wirft das Burger-Papier auf den Boden und wühlt weiter im Unrat.

»Soll ich?«, fragt Yannick trotz seines Ekels. Er will Tapferkeit beweisen. Gütlich schüttele ich den Kopf und signalisiere, dass ich mich des guten alten Carlos gleich selber annehme.

»Kleider machen doch Leute«, trällert mein Discokragen, »schau dich an! In der Uniform von der Bahn hast du richtig Schneid.«

»Das heißt nicht mehr Uniform«, sage ich. »Schon so lange nicht mehr, wie die Deutsche Bahn AG nicht mehr Bundesbahn heißt. Obwohl der *Völkische Beobachter* mit der weißen Schrift auf rotem Grund das immer noch schreibt.«

Er ignoriert meinen Einwand.

»Jürgen Vogel? Moritz Bleibtreu? Heike Makatsch?«

Ich seufze und beobachte weiter meinen Kumpel in den fünfzig Jahre alten Cowboystiefeln. Zwar hat zurzeit niemand außer meinem schlaksigen *Gala*-Abonnenten Interesse, den Service Point in Anspruch zu nehmen, aber gut besucht sind die glänzenden Hallen schon. Und seit sie tatsächlich glänzen, fallen Fremdkörper wie Carlos den üblichen Fahrgästen noch unangenehmer auf als früher. Man könnte glatt eine dramatische Serie daraus machen, eine Geschichte aus Sicht von Leuten wie Carlos, den Pfandsammlern oder sogar Frau Steegmann, die das ganze Altpapier in Form von Zeitungen aus den Mülltonnen klaubt. Ein Drama der Kolonialisierung mit ihnen als Ureinwohnern dieses Territoriums, die vertrieben worden sind von Feinkosttheken, Cappuccino-Bars und gehobener Gastronomie, in der ein belegtes Lachsbrötchen kaum weniger kostet als der Tagessatz eines Hartz-IV-Empfängers. Heute gibt es eine Internetseite mit Namen *Ihr Einkaufsbahnhof* und Empfehlungen zum gepflegten Shoppen zwischen den Gleisen. Früher sah der Bahnhof noch so aus, als wären Carlos und seine Freunde hier die eigentlichen Bewohner und Zugreisende allenfalls geduldete Gäste. Das berühmte Bahnhofsklo war ein Synonym für Ekel, Viren, Bakterien, benutzte Fixerspritzen und zehn Jahre nicht ausgewechselte Duftsteine in verrotteten, weißen Plastikhaltern. Wer so etwas heute noch erleben will, muss auf rein staatlich betriebene Autobahnparkplätze fahren und nach dem bräunlich gemauerten Klohäuschen suchen. Gegenüber unserem Tresen, wo heute hinter täglich geputzten Scheiben die Bestseller angeboten werden, befand sich in jenen alten Tagen der Eingang zu einer Passage, die abends mit einem Rollgitter verschlossen wurde und selbst am Tage so finster war, dass man sich fragte, ob alle, die hineingehen, auch wirklich wieder herauskommen. Die Wände waren übersät mit Graffiti, und in den Tunneln und Treppen verdunsteten Urinpfützen. In manchen Kleinstädten sieht es immer noch so aus, aber Großstadtbahnhöfe wie unserer haben diese goldene Epoche lange hinter sich gelassen. Der Platz reicht darin kaum aus für die Weite der Bögen, welche die Menschen mit den Handtaschen, Einkaufstüten und teuren Lachsbrötchen um einen Mann wie Carlos machen wollen. Munter verteilt er den Inhalt des Mülleimers weiter rund um den Behälter und verwandelt den Boden in eine stinkende Müllhalde.

»Ich muss da jetzt mal hin«, sage ich zu meinem Klatschkunden und gehe zum sturzbetrunkenen Altrocker mit den Cowboystiefeln. Ironisch, dass mich das Gewühle dieses streng riechenden Mannes ausgerechnet an die Beutezüge eines Waschbären erinnert.

»Carlos!«, rufe ich so bestimmt wie vertraulich.

Der dreht den Kopf zu mir, Ohr und Arm tief im Restmüllloch.

»Geht schon! Geht schon!«

»Nee, geht nicht«, sage ich. »Gleich muss ich die Jungs in Blau rufen.« Ich rede von der Security.

»Hau ab!«, schimpft Carlos, »mach dich vom Acker!« Es klingt, als meine er gar nicht mich, sondern einen Geist aus alten Tagen, der zufällig gerade an der gleichen Stelle steht. Er zieht die Hand aus der Tonne und lässt einen undefinierbaren, schleimigen Klumpen fallen, der sich aus alten Kippen, einer löchrigen Socke und schwarzen Bananenresten gebildet hat.

Carlos motzt: »Bonzenpack, elendes!«

Ich zeige auf den Boden: »Was denkst du, wer das sauber macht?«

Carlos trinkt statt zu antworten. Einen kräftigen Schluck aus der Pulle. Bojaroff, die Eigenmarke von Netto. Er muss husten, hält die Flasche vor sich und schaut sie vorwurfsvoll an, als frage er sich, wer ihm diesen Fusel schon wieder angedreht hat.

»Die Elena macht das sauber«, sage ich. »Eine anständige, arme Frau aus Polen. Kein Bonzenpack. Die verdient kaum mehr, als du am Tag versäufst, mein Freund! Hm? Findest du das in Ordnung?«

Carlos grummelt und wankt. Mit solchen Argumenten kann man ihn kriegen. Der gute, alte Klassenkampf liegt ihm noch in dem bisschen Blut, das neben all dem Alkohol in seinen Adern übrig geblieben ist.

»Die Elena hat sogar Kinder«, sage ich, »und die ist nicht so robust im Magen wie du. Jetzt stell dir mal vor, die kommt nachher zur Arbeit und beugt sich wacker über den Höllenberg hier ...« – ich zeige auf die Halde, die Carlos erzeugt hat und deren purer Anblick bei Annika bereits wieder zu einem Großeinsatz von Anti-Herpes-Salbe führen würde. »Weißt du, was die Elena sich da alles holen kann?«

Carlos winkt ab, hört aber damit auf, neuen Müll aus der Tonne zu holen. Sein Bojaroff schwappt feucht klimpernd durch die Flasche. Ich zitiere sämtliche Bakterien, die ich kenne: »Campylobacter. EHEC. Clostridien. Wenn die Elena zufällig gerade Medikamente nehmen sollte, wegen einer Grippe oder so, bringt das die Bakterien dazu, Gifte auszuschütten, die der Elena die ganze Darmwand wegätzen. Und dann stirbt sie, gleich hier, neben der Tonne. Weil du so ein Ferkel bist!«

Übertreibungen sind nötig, wenn man bei Carlos eine Chance haben will. Übertreibungen, komische Fremdwörter und zwei Meter Körperhöhe bei Schuhgröße 50 samt einem Blick, der wortlos vermittelt: Ich war nicht immer der Service-Heini. Ich habe bei der Bahn noch das Schottern gelernt und mit bloßen Händen die Hochspannungsleitung gerichtet. Ich war schon hier, als die Pferdekutschen die Gäste vor dem Renaissance-Bau des Alten Hauptbahnhofs ausspuckten, und ich werde noch hier sein, wenn Uwe in seinem Mikrofonkabuff den Abflug von Zügen auf den Gleisen 212 und 455 verkündet, da sich die Bahnsteige kilometerweit in die Höhe türmen wie die Städte mit den fliegenden Autos in *Das fünfte Element*. So einen Blick lege ich auf, bis Carlos anfängt, unter Maulen und Meckern die Mülltonne wieder einzuräumen.

»Ist ja unglaublich!«, ertönt es derweil am Tresen hinter mir, »die Olivia Jones ist hier gewesen!!!«

Der Dosenprosecco trinkende Modeunfall beugt sich begeistert über einen aufgeklappten Papierschinken. Unser Gästebuch. Yannick hat sich in wenigen Minuten bequatschen lassen, es zu zeigen. Ich eile hin und klappe mit Wucht das Buch zu. Disco-Boy erschreckt, als sei meine Wut so ungerecht wie unziemlich. Yannick ebenfalls.

»Ich hatte Nein gesagt«, richte ich meinen Tadel an beide.

»Arschloch«, flucht die Klatschtante. Ernsthaft beschränkt in ihrer selbst unterstellten Narrenfreiheit, schaltet sie vom überkandidelten Heititei nahtlos zur Beleidigung des Bahnangestellten um.

Entschlossen zeige ich auf Carlos, der gerade mit spitzen Fingern das gebrauchte Kondom anhebt, als frage er sich, welches Schwein so etwas einfach hier auf den Bahnhofsboden schmeißt.

»Müll aus der Tonne holen? Gelbe Karte!«, sage ich. »Beleidigung eines Bahnmitarbeiters im Dienst? Rote Karte!« Dabei schaue ich den Schaumweinschlürfer noch strenger an als gerade eben Carlos. Nun sagt mein Blick: Ich war 458 Tage beim Militär und habe in Überlebenstrainings mit bloßen Händen den letzten Bär in deutschen Wäldern getötet. Ich war schon bei der Bahn, als man noch während der Fahrt Kohle ins Feuer schaufelte, und ich werde noch bei der Bahn sein, wenn die neu gegründete europäische Zentralkommission für Kultur und Geschmack das Trinken von Prosecco aus der Dose unter schwere Strafe gestellt hat.

»Aber...«

Unnachgiebig hebt sich mein Arm und zeigt dem Tony Manero von Holthausen die Richtung, die er in seiner unmittelbaren Zukunft laufend einzuschlagen hat.

Er trollt sich.

Kaum habe ich mir einen Schluck Kaffee eingegossen, steht ein junger, alter Bekannter vorm Tresen. Jesse Pinkman, größter Fan meiner gefälschten Bescheinigungen. Zuletzt habe ich ihn bis zum Rand mit Reiswein abgefüllt am Japan-Tag gesehen, aber heute ist er trotz der fortgeschrittenen Stunde nüchtern. Nüchtern und aufgeregt.

»Da sind Nazis im Bahnhof!«, sagt er.

Auch das noch, denke ich.

»Und was machen die?«

Pinkman schaut mich perplex an.

»Wie, was machen die?«

»Ja«, sage ich, »hauen die Menschen kaputt? Oder Sachen? Werfen sie mit vollen Bierdosen nacheinander wie damals die Fußballidioten auf dem Gleis?«

»Nein.«

»Dann schwenken sie Fahnen? Mit dem Hakenkreuz?«

»Öh, nein.«

»Was dann?«

»Die stehen da rum. Hinten, am Suttner-Ausgang.« Pinkmans Ohren zittern vor Empörung.

»Und dort schwingen sie Reden wie einst der kleine Österreicher im Löwenbräukeller?«

»Nein. Sie stehen einfach nur rum und trinken.«

Ich bin so müde.

Pinkman sagt: »Müssen die denn unbedingt was machen, um hier aus der Hütte zu fliegen?«

Ich erwidere so langsam, tief brummend und deutlich, wie ich kann und es sonst nur bei Jurastudenten tue, die den Bahnvorstand verklagen wollen, weil sie den Fußweg zur eigenen Arbeit nicht finden: »Ja.«

»Reicht es denn nicht, dass es Nazis sind?«

»Nein.«

Pinkman haut mit der flachen Hand auf den Tresen neben das Gästebuch.

»Unglaublich!«

»Sie schlagen sich nicht. Sie tragen keine Abzeichen. Sie schwingen keine Reden. Woher weißt du überhaupt, dass es Nazis sind?«

»So was merkt man!«, empört sich Pinkman. »Sie essen

Frikadellen zum Bier. Und der eine trägt ein T-Shirt der Böhsen Onkelz.«

»Gut«, sage ich, »dann kann ich sie wegen schlechten Geschmacks rauswerfen lassen.«

Pinkman reißt die Augen auf. Der klassische 2-Sekunden-lang-glauben-sie-es-Augenaufreißer. Danach legt er den Kopf schief und zeigt mit dem Finger auf mich: »Ich hätte Sie anders eingeschätzt. Ehrlich. Ich bin menschlich zutiefst enttäuscht.« Er senkt schüttelnd den Kopf, steckt seine Hände in die Taschen seines dehnbaren Kapuzenpullovers und läuft in die Richtung, die eben auch mein Prosecco-Mann eingeschlagen hat.

»Ihre verdammten Züge kommen immer zu früh!«, schimpft eine attraktive Enddreißigerin einen Abend später um die Zeit, in der ich am Tag zuvor eine diebische Klatschtante rauswerfen und einen trinkenden Waschbären erziehen musste. Neukollege Yannick ist auf dem Gleis, Gepäck tragen. Erst denke ich, ich hätte mich verhört, aber sie hat es tatsächlich gesagt. Unsere Züge kommen »zu früh«. Diese Beschwerde hört man auch nicht alle Tage.

»Jeden zweiten Tag fährt meine S-Bahn zur Arbeit eine Minute zu früh ab. Ich komme pünktlich zum Gleis, denke, sie ist zu spät, warte wie eine Bekloppte und was ist? Das Scheißding ist schon weg!«

Ich hebe die Hand, um etwas zu erwidern, aber die Dame ist in unaufhaltsamer Rage.

»Oder neulich, Sonntag früh. Ich mit schwerem Koffer und alles, da steht der ICE nach Hannover schon auf dem Gleis. Ich haste hoch, breche mir fast die Haxen, stürze rein und was sehe ich da? Ich sehe, wie sie in den Waggons gemütlich die Faltblätter verteilen. Ganz ruhig, ganz ruhig, junge Frau, sagt einer Ihrer Kollegen, der Zug fährt erst in dreißig Minuten ab. Können Sie mir mal erklären, wieso ein Zug eine halbe Stunde vor der Zeit auf dem Gleis stehen muss???«

Ich werde schon wieder müde.

»Sie sind ja fast so schlimm wie die Busfahrer. Das sind die Allerbesten. Heizen durch die Stadt und sind stolz drauf, wenn wir hinten an der Scheibe kleben. Bei manchen Linien habe ich den Eindruck, dass sich der Fahrer denkt: Ach komm, wenn ich einfach doppelt so schnell meine Strecke abfahre, habe ich früher Feierabend. Als ginge es nicht darum, Gäste zu transportieren, sondern bloß zehn, zwanzig Runden auf dem Hockenheimring zu schaffen!«

»Hören Sie«, sage ich, »wie wäre es denn, wenn...«

Sie unterbricht mich und knallt mir einen silberfarbenen Kugelschreiber und einen Block auf den Tresen.

»Ich brauche eine ladungsfähige Adresse! Von Ihrem Chef.«

Ich seufze. Wenn auch nur halb so viele Anträge auf Klagen vor dem internationalen Kriegsverbrechergerichtshof in Den Haag eingingen, wie die Bahn täglich angedroht bekommt, flögen flauschig weiße Einhörner über eine Welt des immerwährenden Friedens.

»Ach«, sage ich, weil es sogar stimmt, »die brauchen Sie gar nicht mehr, die Adresse. Da ist er schon!«

Der kleine Prinz stürmt heran, nickt der Kundin beiläufig zu und hält mir sein Smartphone vor die Nase: »Lesen Sie das!«

Ich sage: »Diese Dame dort hat eine Beschwerde. Wegen Verfrühungen.«

»Ach«, sagt der kleine Prinz.

Die Kundin tritt mit ihm einen Schritt zur Seite und

beginnt, auf den armen Mann einzureden. Ich schaue mir derweil an, was auf dem Bildschirm von Chefs Handy steht. Ein Artikel seines Lieblingsfeindes, dem Journalisten Hofmeister, nicht veröffentlicht in der Tageszeitung, sondern auf seinem eigenen Blog. Kein Wunder. Der Mann weiß wohl ganz gut, dass so ein Unsinn nur privat im Netz zu verzapfen ist. »Auf einem Auge blind«, steht da. »Düsseldorfer Hauptbahnhof toleriert Neonazis.«

Pinkman.

Er muss den Ritter des heiligen Zorns angefunkt haben. So wortreich wie gedankenarm fabuliert der Mann in seinem kleinen Manifest darüber, dass man den Anfängen wehren müsse und es eine Schande sei, wie wir die Mittellosen immer unnachgiebiger aus der »Shoppingmall Bahnhof« vertrieben, während die braune Brut in Ruhe ihr Bier trinken könne. Am besten gefällt mir der letzte Absatz:

> »In den Niederlanden heißen Bahngesellschaften Arriva oder Syntus. In Großbritannien fahren Eurostar oder Merseyrail. Unsere Nachbarn in der Schweiz oder in Österreich beschränken sich auf ein nüchternes, neutrales »Bundesbahn«. Nur hier besteht man darauf, schon im Firmennamen zu betonen, dass es sich beim Beförderungsmittel um eine *Deutsche* Bahn handelt. Ein Schelm, wer Böses dabei denkt.«

Nein, denke ich mir, als ich das Smartphone ablege, nur ein Hofmeister. Der kleine Prinz hat die aufgebrachte Kundin derweil gezähmt und sagt: »Herr Schorsch, machen Sie der Dame doch bitte mal einen Gutschein fertig.«

»Öh«, setze ich an, doch der kleine Prinz fuchtelt mit den Armen, als ob es nach 175 Seiten langsam genug sei.

»Kein Öh, kein Äh, kein Witz! Gutschein und basta!«

»Aber Chef...«

Dieses Mal will ich gar keine Witze reißen. Nur sachlich darauf aufmerksam machen, dass Gutscheine ausschließlich im Reisecenter am Fahrkartenschalter oder online erhältlich sind. Ich kann hier lediglich Bescheinigungen ausstellen.

»Nix Chef, nix aber – Gutschein!!!«

Ich öffne die Schublade mit den Vordrucken für frei erfundene Bescheinigungen und beschrifte sie mit der Bitte um Ausstellung eines Gutscheins an die netten Kolleginnen im Reisezentrum.

»Wie viel?«, frage ich.

»Fünfzig Euro«, sagt der kleine Prinz.

Ich trage die Summe in die kleine Notiz ein, lege noch einen Zettel an die Kundin dazu, dass sie damit zum Schalter gehen und sich auf mich beziehen soll, und stecke das Ganze in einen netten DB-Umschlag.

»Na, geht doch«, sagt der kleine Prinz.

Die Kundin verabschiedet sich, ohne in den Umschlag zu sehen, und geht erst mal Richtung Ausgang, wohl im Glauben, den echten Gutschein bereits in der Tasche zu haben. Nun denn. Sie wird es schon merken. Der kleine Prinz nimmt sein Handy wieder auf, wedelt damit und sagt: »So. Und was sagen Sie jetzt dazu?«

»Wir sind verleumdet worden.«

Der kleine Prinz schüttelt den Kopf: »Der Hofmeister hat seine Augen überall.«

Ich kommentiere das Ganze nicht weiter. Erster Grundsatz: Nichts erklären. Niemals verteidigen.

Der kleine Prinz sagt: »Ja, und? Stimmt das denn? Haben wir Nazis im Bahnhof?«

Ich nicke und schaue in den Gleistunnel: »Hin und wieder, sicher. Es gibt auch welche auf dem Bürgersteig. Oder im Volksgarten.«

»Und? Was machen die?«

»Ja, nix.«

»Wie, nix?«

»Stehen rum und trinken Altbier.«

»Und wenn sie betrunken genug sind, schlagen sie um sich und brüllen hässliche Sprüche?«

»Nein.«

»Nein?«

»Nur rumstehen.«

»Dann können wir doch gar nichts machen«, sagt der kleine Prinz.

»Sie wissen das. Ich weiß das. Sogar der Hofmeister weiß das.«

»Das ist doch alles Mist«, klagt mein Chef. Manchmal tut er mir ja schon leid, mit all der Last auf seinen Schultern.

»Wie sagt das deutsche Sprichwort?«, tröste ich ihn. »Geduld in allen Dingen führt sicher zum Gelingen. Oder, wie's die Kanzlerin heimlich sagen würde: einfach aussitzen. Morgen treiben sie die nächste Sau durchs Dorf.«

Der kleine Prinz sieht mich skeptisch an, voller Hoffnung, ich könnte recht haben. Habe ich ja auch. Auf Pinkman bin ich trotzdem stinksauer.

Weitere vierundzwanzig Stunden später huscht der aufgedrehte Kämpfer für die nazifreie Zone durch den bestens besuchten Wochenendtrubel und verteilt kleine Flugblätter an die Leute. Ich bemerke ihn erst spät, da aus dem Mund einer vollkommen hyperaktiven Kundin Worte im Hundertstelsekunden-Takt auf mich einströmen wie Mückenschwärme oder kleine, gnadenlose Sandkörner im Wüstensturm. Begrüßt hat sie mich eben mit den Worten: »Sie sitzen ja immer noch hier!« Es war nicht vorwurfsvoll gemeint. Im Gegenteil. Kollege Yannick bekommt das Gespräch mit der Frau leider nicht mit. Er ist schon wieder im Einsatz, schweres Handgepäck zu verladen. Seit dem Fauxpas mit dem Gästebuch legt er bezüglich des Service Points ein Verhalten an den Tag, das ungefähr der Frequenz ähnelt, in der Mitarbeiter im Baumarkt die Informationstheken besetzen.

»Ich bin Ihnen ja immer noch so dankbar, wissen Sie?«, sagt die Kundin. »Sie wissen es doch noch? Die Verspätung damals?«

»Äh...«

Die Verspätung.

Damals.

Genau.

Das sind präzise Angaben.

»Na, Sie wissen schon, wo ich dann doch noch nach Hückeswagen gekommen bin!«

Hückeswagen, Hückeswagen, denke ich. Irgendwo hinter Remscheid. Es gibt Areale in Deutschland, die liegen mir weniger deutlich vor Augen als die finsteren Schluchten von Mordor.

»Entschuldigen Sie«, sage ich, »ich kann Sie trotzdem nicht so recht zuordnen. Ich habe da schon so ein, zwei Verspätungen mehr im Jahr, verstehen Sie?«

Nervös hebe ich den Blick zu Pinkman und seinen Flyern. Was verteilt der denn da?

Die aufgedrehte Kundin versteht nicht.

»Hückeswagen! Wann war denn das? Achtundneunzig!«

»Ja, dann...«, sage ich.

»Wo ist denn Ihre hübsche Kollegin mit der hohen Stimme und dem leichten Kölschen Dialekt?«

Ich will gerade ansetzen, zu antworten, doch sie redet einfach weiter wie ein Wasserfall.

»Irgendwie war der Infostand damals größer. Und edler.«

»Ja, das war nur kurz. Da hatte eine Messebaufir...«

»Was ist das für ein Anstecker da an Ihrem Jackett? Ist das ein Castor-X gegen Atomkraft?«

»Das ist der Düsseldorfer Radschlä...«

»Ich find das gut, dass Sie sich engagieren und hier sogar im Job Flagge zeigen. Richtig gut finde ich das. Na ja, eigentlich wollte ich ja nur mal Guten Tag sagen und mich noch mal bedanken.«

»Hückeswagen«, sage ich.

»Sehen Sie!«, freut sie sich, »Sie erinnern sich doch!«

Fröhlich schwebt sie davon.

Da kein weiterer Kunde wartet, gehe ich erst mal zu Pinkman und werde offiziell: »Das Verteilen von Flugblättern und Handzetteln auf Bahnsteigen und Zuwegungen zu den Bahnsteigen ist nicht gestattet.«

Pinkman zeigt in den Tunnel: »Die sind immer noch da.«

Ich nehme ihm ein Flugblatt ab: *Nazis raus aus dem Bahnhof!*

»Was soll denn das?«, frage ich. Dabei weiß ich es natürlich. Mit zwanzig war ich genauso. Agitieren, Alarmieren, Attackieren. Vor allem symbolisch. Hätte ich damals Fußball gespielt, wäre ich dafür eingetreten, aus Prinzip den Rechtsaußen abzuschaffen. Und auf den Straßen den Rechtsverkehr. Die ganz große Entnazifizierung. Wie heißt es so schön? Je länger das Dritte Reich tot ist, umso stärker wird der Widerstand dagegen.

Pinkman sagt: »In Dresden gibt's ein Holiday Inn, da hat

der Chef des Ladens ein paar Mitgliedern der NPD verboten, bei sich ein Zimmer zu mieten. Sollte dies aus vertraglichen Gründen nicht möglich sein, hat er ihnen geschrieben, würde er jeden durch sie getätigten Umsatz als Spende an die Dresdner Synagoge weiterleiten. Und in Regensburg gibt's eine Kampagne von Kneipenbesitzern namens *Keine Bedienung für Nazis*. Die hängen Schilder in die Türen: ›Rassisten werden hier nicht bedient.‹ Steht alles auch hier auf dem Flyer.«

Pinkman tippt aufs Blatt, beseelt von dem Rausch, auf der richtigen Seite zu stehen.

»Wohin sollen sie denn?«, frage ich ihn.

»Wer?«

»Na, die Nazis«, sage ich und zeige aufs revolutionäre Papier. »Da steht *Nazis raus aus dem Bahnhof*. Gut. Dann stehen sie auf dem Vorplatz. Da sehe ich doch schon, wie ihr eine Kampagne startet: *Nazis weg vom Vorplatz*. Und auf die folgt dann, wenn der Vorplatz sauber ist, die Initiative *Worringer Straße steht auf gegen rechts*. Und so weiter und so fort. Ihr wisst schon, dass die Erde keine Scheibe ist, wo die dann irgendwann runterfallen? Das ist eine Kugel! Die kommen am Ende hinter euch genau hier wieder an!«

»Sehen Sie«, sagt Pinkman und schüttelt ganz langsam den Kopf wie eine tief betroffene Klosternonne, »so weit haben die Sie schon gekriegt…«

Nach dieser Nachtschicht schlüpfe ich zu Hause nicht direkt ins Bett. Stattdessen setze ich mich an meinen Computer und öffne das Grafikprogramm. Buffy streift um den Stuhl und fordert leichte Beute aus der Futterdose. Ich stelle ihr was hin. Sie isst es auf. Kaum habe ich eine Schriftart ausgewählt, da springt sie schon auf den Schreibtisch und fragt mich, was denn bloß los sei. Hm? Der übliche Ablauf? Essen, umziehen, Bett? Schnurren? Alles vergessen?

Ich lege ihr ein Handtuch neben die Tastatur und sage: »Kuschel dich ein. Es wird ein langer Morgen.«

Wie erwartet ist Pinkman auch am nächsten Tag wieder auf seiner Mission. Dieses Mal ohne Flyer. Er prüft lediglich nach, ob der Bahnhof mittlerweile nazifrei ist. Seinem Gesicht nach zu urteilen, ist das nicht der Fall. Er zeigt Richtung Ausgang und will gerade etwas sagen, als ich ihn mit meinem Tonfall überrasche. Pastoral brumme ich: »Du hast recht.«

Vorsichtig nähert er sich dem Tresen.

»Dein Engagement hat uns zum Nachdenken gebracht«, sage ich. »Alle. Den Chef, das Bahnhofsmanagement. Alle.«

Ich schlucke, als schämte ich mich für die lange Leitung, auf der wir bislang gestanden haben. Ich ziehe den Stapel frisch ausgedruckter A5-Blätter unter dem Tresen hervor, beuge mich rüber und sage leise: »Eigentlich darf es noch keiner sehen. Es wird erst nächste Woche von der Presseabteilung publik gemacht.«

Aufgeregt flattern Pinkmans Nasenflügel. Ich lege den Stapel mit der bedruckten Seite nach unten und falte die Hände darauf.

»Du musst mir versprechen, vor Montag nichts zu verraten.«

Pinkmans Blick klebt auf den Blättern. Gleich platzt er vor Neugier. Er nickt.

»Okay«, sage ich und drehe das oberste Blatt um. Es zeigt die von mir frei erfundene und mit dem Grafikprogramm gestaltete DB-Kampagne *Der Zug ist abgefahren*. Es sieht gut und sehr offiziell aus. Hat auch gedauert. Nach fünf Stunden schälte sich Buffy aus dem Handtuch, zeigte mir mit der Pfote den Vogel und stieg allein ins Bett. Auf dem Foto führt ein Gleis ins Nirgendwo. Der Text beschreibt, wie sich die Deutsche Bahn in Zukunft konsequent zu engagieren gedenkt.

Pinkman strahlt.

Und liest.

Der erste Punkt des umfangreichen Plans beinhaltet ein generelles Beförderungsverbot für Nazis in Verkehrsmitteln der Deutschen Bahn.

»Geil!«, sagt er.

»Nicht wahr?«, sage ich. »Natürlich sieht man dem Fahrgast nicht sofort an, ob er ein Nazi ist. Ich meine, die wenigsten von denen laufen heute noch in Springerstiefeln und Bomberjacke herum.«

»Wem sagen Sie das?«, nickt Pinkman.

»Die braune Brut versteckt sich hinter Nadelstreifen«, sage ich.

»Genau!«, sagt Pinkman.

»Deswegen«, erkläre ich, »werden vor Antritt der Reise durch Sicherheitskräfte und Zugpersonal Befragungen durchgeführt. Um die Gesinnung der Fahrgäste zu eruieren.«

Pinkman ist begeistert.

Ich drücke den Finger aufs Blatt.

»Hier, Punkt 2. Eindeutig entlarvte Gesinnungsverbrecher werden lebenslang von der Beförderung ausgeschlossen. Auch die Bus- und Taxiunternehmen werden benachrichtigt.«

»Gut so«, sagt Pinkman, »die braune Brut soll laufen.«

»Ja«, sage ich, »laufen soll sie!«

Pinkman wird ganz rot vor Aufregung.

Ich sage: »Punkt 3: Wer seine Gesinnung auf dem Gelände der Bahn offen auslebt oder mitteilt, sei's in Form von Propagandamaterial oder verbaler Hetze, wird in den Zug gesetzt und deportiert. Ins Erziehungslager. Da können sie dann mal ganz in Ruhe voller Konzentration darüber nachdenken, was sie falsch gemacht haben.«

»Jawoll!«, ruft Pinkman.

»Und ins Lager geht's mit dem Güterwagen, damit sie's nicht auch noch bequem haben, die Schweine!«, sage ich.

»Genau!«, jubelt Pinkman, macht die Beckerfaust und hält schließlich inne. »Wie bitte, was?«

Ich drehe das Blatt wieder um und lehne mich auf den Stapel. »Ja, irgendwo müssen sie doch hin, oder? Am besten ganz weg, nicht wahr? Und wer, wenn nicht wir, hätte die Pflicht, für die Transporte zu sorgen?«

Pinkman schaut mich an wie ein Gnu.

Oh, einfache Welt, wie schwindet sie dahin.

Armer Pinkman.

So stumm wie zügig geht er Richtung Hauptausgang, hält kurz vor dem ersten Schritt auf den Vorplatz inne, macht wieder einen zurück ... und nimmt die linke Tür.

Schlüsselfragen

🚂 Fühlt man sich schon in der normalen Nachtschicht mit allen Eulen dieser Welt verbunden, ist die Nachtschicht an den Weihnachtsfeiertagen die ultimative Krönung. Ein unsichtbares Band des Schicksals spannt sich an diesem Tag über die Welt und bringt selbst mich zum Fantasieren. Ich sehe sie dann vor mir, die wenigen Gleichgesinnten, die sich ebenfalls freiwillig gemeldet haben. Den Nachrichtensprecher im Radio, Schallschutzschaumgummi an den Wänden. Die Beamten in der Altstadtwache. Den Notarzt in der Klinik, der nach einer Operation durch die Gänge streift, Kinderbilder an den Türen, Lichterbögen im Schwesternzimmer und zu jedem Becher Kaffee mindestens eine Aachener Printe. Das Gebäck ist ohnehin das Beste in der Weihnachtszeit, also vom 30. August bis Silvester. Ich für meinen Teil horte speziell die Dominosteine.

Und die normalen Menschen?

Sind alle zu Hause in dieser Nacht.

Sagt man.

Keiner unterwegs außer dem Weihnachtsmann.

Und so ist es auch.

Der Heiligabend ist bereits gelaufen. Die letzten Reisenden sind verschwunden. Selbst Carlos hat heute Nacht irgendwo eine Bleibe gefunden. Draußen vor dem Vorplatz sind sämtliche Lichter erloschen, sogar in den Dönerbuden und Spielhallen. Keine Tram quietscht ihr schiefes Liedchen auf den Schienen ins Dunkel. Aus keiner Kneipe schwappt bei offener Tür Glasklimpern in die Nacht. Und bleiben trotzdem noch irgendwelche Zweifel daran, dass diese paar Stunden einer wahrhaft stillen Nacht den absoluten Ausnahmezustand bilden, gibt es den ultimativen Beweis: Sogar das amerikanische Schnellrestaurant zur goldenen Möwe hat geschlossen. Das geschieht genau ein einziges Mal im Jahr. Heute Nacht.

Es würde sich glatt anbieten, in der menschenleeren Ruhe Inventur zu machen. Ich drehe die Thermoskanne mit Kaffee auf und öffne meine Schublade. Der Bescheinigungsblock. Der Riesenstempel. Ein Kreuzworträtselheft. Ein ganzer Stapel ausgedruckter Routen, die in weitestmöglichen Kreisen Köln und Mannheim umfahren. Taschentücher. Streichhölzer. Ein Schuhkarton mit alten Schlüsseln. Richtig, die habe ich ja auch noch! Das ist so ein Hobby von mir seit Jahren. Andere sammeln Briefmarken, ich sammele alte Schlüssel. Die letzten habe ich erst vor ein paar Wochen auf dem Trödelmarkt erworben. Die Familie, in deren Eisenwarenkiste sie lagen, war vollkommen verblüfft, dass sich überhaupt jemand dafür interessiert. Eigentlich wollten sie die Dinger gar nicht verkaufen. Sie waren bloß aus Versehen zwischen die Schrauben und Muttern gerutscht. Ich nehme die Schachtel in die Hand und krame darin herum. Alte Schlüssel. Eine große Faszination. Der Zugang zu Türen, die es längst nicht mehr gibt. Oder die doch noch existieren, aber unauffindbar bleiben. Selbst, wenn man »nur« jede Tür in dieser Stadt testen würde, wäre man ein Leben lang beschäftigt. Und am Ende gehört das Ding zu einem verfallenen Schuppen im Hinterland von Schwerin.

»Herr Schorsch!«

Ich zucke regelrecht zusammen und lasse die Schachtel fallen. Klirrend purzeln die Schlüssel über den Boden hinter dem Tresen.

Der kleine Prinz.

Der Chef, der niemals während der Nachtschicht erscheint, jedenfalls nicht um zwei. Da naht er, leicht schwankend, und es fühlt sich an wie eine Erscheinung.

»Mein Portmonee«, sagt er, klar artikulierend. Er lallt nicht, spricht aber mit dieser überzeugten Hektik und fahrigen Unruhe, die Menschen nach einigen Feiertagsschlückchen zu eigen ist.

»Das muss hier sein!«

Eifrig schiebt er sich durch die Saloon-Tür.

Ich traue meinen Augen nicht.

»Äh, Chef? Das ist ganz unmöglich.«

Meinen Einwand ignorierend, beginnt er hektisch mit der Suche. Unter seinen Sohlen knirscht meine Schlüsselsammlung.

»Wie sieht's denn hier aus, Herr Schorsch? Kein Wunder, dass man da nichts findet.«

»Ihre Brieftasche kann nicht hier sein«, sage ich.

»Ja, ja«, winkt er ab, »das sagt meine Frau auch immer, wenn ich zu Hause was suche und irgendwo gucke, wo man sonst nicht gucken würde. Kann nicht. Kann nicht. Was für einen Sinn hätte es denn, nur da zu gucken, wo das Ding sonst immer liegt. Dann müsste man ja nicht suchen!«

Der Chef wird getrieben von Logik. Hummelgleich schwirrt er durch den Service Point und öffnet Schranktüren wie Schubladen.

»Chef...«

»Ich hab's bestimmt hier liegen lassen!«

Während der Chef sucht, erinnere ich mich an meine legendärste Weihnachtsnachtschicht. Als spiele sie jetzt, wird die Szene vor meinem inneren Auge lebendig. Die finstere Ladenpassage befindet sich noch gegenüber. Dort, wo heute auf unendlichen Quadratmetern nichts als Bücher verkauft werden, steht noch die gute, alte, finstere Markthalle mit Kuchen, Kaffee, Käsetheke und Supermarkt, nachts geschützt durch das unheimliche, stählerne Rollgitter. Der Bahnhof liegt still und verlassen, doch ein Mann steht vor mir, deutet auf die Markthalle mit dem heruntergelassenen Gitter und sagt: »Haben Sie den Schlüssel dafür?«

»Äh, nein...«

»Wieso denn das nicht???«

Tja.

Was soll man darauf antworten?

Der Mann fährt sich mit der rechten Hand durchs Gesicht. Schaut nach links, schaut nach rechts, schaut in die Winkel der kathedralenhohen Decke. Irgendwas treibt ihn zusätzlich. Spannt ihn innerlich wie einen Flitzebogen. Ich frage mich, was er so dringend braucht in der Heiligen Nacht. Hundefutter, da der Terrier sonst tobsüchtig wird? Oder Kondome für den Holy One Night Stand? Ich könnte helfen. Ein paar Tankstellen fallen mir ein, die unweit von hier geöffnet haben. Der große Mann weiß immer Bescheid, wenn jemand etwas braucht.

»Das kann doch nicht sein, dass Sie keinen Schlüssel dafür haben!«

»Öhm, Entschuldigung? Das sind private Pächter...«

»Schwachsinn alles! Ausreden! Wofür sitzen Sie hier eigentlich?«

Ich will es ihm erklären, aber er lässt mich nicht.

»Ich zahle Steuern, so sieht's nämlich aus!«, motzt er mich an, »also geben Sie jetzt endlich mal Gas!«

Ich mustere ihn schweigend. Er mustert zurück. Atmet schwer.

»Was ist?«

»Sie glauben *wirklich*, dass ich den Schlüssel dafür habe, oder?«

»Natürlich haben Sie den! Sie wollen nur nicht kooperieren!«

Der meint das so.

Ein Betriebspsychologe hat es mir mal erklärt, am Rande einer Fortbildung. Es gibt Menschen, die sehen unsereins ernsthaft als Türhüter. Wer hinter dem Tresen steht, hinter den Kulissen, wer die Türen aufbekommt, auf denen »Kein Zutritt« steht oder »Nur autorisiertes Personal«, der besitzt im Kopf dieser Leute den Zugang zu höheren Sphären. »Magisches Denken« sei so was, eigentlich nur eine Sache von Kinderseelen. Bei manchen leicht neben der Spur schlingernden Erwachsenen hört diese Kinderseelenzeit niemals auf.

»Ihr Penner von der Bahn seid doch zu nichts zu gebrauchen!«, meckert der magische Denker weiter, und ich aktiviere meinen zweitwichtigsten Grundsatz neben dem, mich niemals zu erklären oder zu verteidigen. Er lautet: Wahre Gleichberechtigung bedeutet, dass auch die Verrückten ein Recht darauf haben, von mir geleimt zu werden.

»Ich muss da jetzt rein!«

Ich nicke ernst, ziehe die Schublade auf und hole meine Sammlung gebrauchter Schlüssel vom Trödelmarkt hervor. Behutsam wie einen Schatz stelle ich den alten Schuhkarton auf den Tresen.

»Passen Sie auf«, sage ich. »Ich habe in der Tat so einige

Schlüssel. Dieser hier zum Beispiel...« – ich ziehe ein beliebiges Exemplar aus dem Karton und halte es so behutsam vor seine Augen, als wäre es aus feinstem Kristall – »...ist vom Rathaus.«

Der magische Denker schaut wie hypnotisiert auf die Zacken.

»Und der hier...« – ich balanciere den nächsten einem rohen Ei gleich in der Hand – »...ist der Zugang zum Kölner Dom.«

Der Mann überlegt ernsthaft, ob er mir glauben soll. Das hat der Psychologe auch erklärt. Ähnlich wie Verschwörungstheoretiker suchen Leute wie der Schlüsselmann immer nach Gründen, warum es *doch so sein könnte*, obwohl es unwahrscheinlich ist; ich also in diesem Fall tatsächlich den Domschlüssel habe. Eine alte Kopie aus Messdienerzeiten? Geheime Kooperationen zwischen der Bahn und der Kirche? Nicht umsonst steht der Dom in Köln so nahe an den Gleisen.

Ich sage, so bedauernd wie mystisch raunend: »Aber den Schlüssel für die Passage dort, den habe ich nicht. Nicht mehr...«

Der Mann senkt den Kopf.

Ich frage: »Was suchen Sie denn überhaupt so dringend?«

»Dübel.«

Ich lache. »Entschuldigung, sorry, ich habe akustisch ein paar Schwierigkeiten. Ich habe Dübel verstanden.«

»Ja, Dübel! Dübel, Herrgott noch mal!«, mosert er, und die betäubende Wirkung meiner Schlüsselhypnose ist wieder verflogen. »Ehrlich, ihr seid wirklich zu nichts zu gebrauchen!«

Das laute, raschelnde Krachen von Ordnern, die auf den Boden fallen, weckt mich aus meinen idyllischen Erinnerungen. Der kleine Prinz hat nahezu alle Schubladen und Schränke aufgerissen. Es sieht aus, als sei eingebrochen worden.

»Chef!«

Ich schiebe entschlossen meine Hand zwischen ihn und die letzte Schranktür, die er gerade öffnen will. Er hält kurz inne. Meine Hand ist für ihn ein Kanu, meine Stimme ein Echo am Berg. Ich sage: »Ihr Geldbeutel kann schon allein deswegen nicht hier sein, weil Sie heute Nacht das erste Mal den Service Point betreten haben. Von innen.«

Skeptisch neigt sich sein Kinn nach vorn, während der Kopf zugleich schräg nach hinten driftet: »Was?«

»Ja. Sie waren noch nie hier drin in all den Jahren. Auf dem heiligen Boden.«

Er sieht sich um. Tastet mit den Augen verwundert jeden Winkel des Kabuffs ab.

»Denken Sie nach«, sage ich.

Ich sehe ihm an, dass er sich daran erinnert, sich nicht erinnern zu können, jemals vor heute Nacht hinter dem Tresen gewesen zu sein.

»Ich kann Ihnen was leihen, wenn's pressiert«, sage ich und denke mir im Stillen, wie Pinkman den Japanern vom Fernsehen erklärte, bei mir am Tresen gäbe es unkomplizierte Kredite.

Der kleine Prinz ignoriert meine Bemerkung. Kopfschüttelnd tritt er aus dem Service Point hervor, sieht mich mit zusammengepressten Lippen an und sagt: »Wofür sitzen Sie hier eigentlich?«

»Ach Chef«, sage ich und reiche ihm eine Handvoll Dominosteine. Er quält sich ein Lächeln ab und steckt einen der süßen schwarzen Würfel aus Lebkuchen, Gelee und Marzipan in den Mund.

»Frohe Weihnachten«, sage ich.
»Ihnen auch...«, sagt er.
»Kaffee dazu?«
Er nickt.
Ich hole die Tassen aus dem Schrank.
Den Geißbock und Willy Millowitsch.
»Sein Vater ist in Düsseldorf geboren«, sagt der kleine Prinz.
Ich gieße ein.
Wir trinken.
Samt Tresen, Dach und Schneekugel spiegeln wir uns in den blitzblanken Scheiben des Buchladens gegenüber.